ETERNA
é a sua
MISERICÓRDIA

Leonardo Agostini Fernandes

ETERNA
é a sua
MISERICÓRDIA

Reflexões bíblicas e Leituras Orantes

Dados Internacionais de Catalogação na Publicação (CIP)
(Câmara Brasileira do Livro, SP, Brasil)

Fernandes, Leonardo Agostini
Eterna é a sua misericórdia : reflexões bíblicas e leituras orantes /
Leonardo Agostini Fernandes. – São Paulo : Paulinas, 2016.

ISBN 978-85-356-4091-5

1. Bíblia - Leitura 2. Lectio Divina 3. Misericórdia I. Título.

16-00341   CDD-220.6

Índice para catálogo sistemático:
1. Bíblia : Leitura   220.6

1ª edição – 2016
1ª reimpressão – 2016

Direção-geral:	Bernadete Boff
Conselho Editorial:	Dr. Afonso M. L. Soares
	Dr. Antonio Francisco Lelo
	Maria Goretti de Oliveira
	Dr. Matthias Grenzer
	Dra. Vera Ivanise Bombonatto
Editora responsável:	Vera Ivanise Bombonatto
Copidesque:	Cirano Dias Pelin
Coordenação de revisão:	Marina Mendonça
Revisão:	Mônica Elaine G. S da Costa
Gerente de produção:	Felício Calegaro Neto
Projeto gráfico:	Jéssica Diniz Souza

Paulinas
Rua Dona Inácia Uchoa, 62
04110-020 – São Paulo – SP (Brasil)
Tel.: (11) 2125-3500
http://www.paulinas.com.br – editora@paulinas.com.br
Telemarketing e SAC: 0800-7010081
© Pia Sociedade Filhas de São Paulo – São Paulo, 2016

Jesus revelou, sobretudo com o seu estilo de vida e com as suas ações, como *está presente o amor no mundo em que vivemos*, amor operante, amor que se dirige ao homem e abraça tudo quanto constitui a sua humanidade. Tal amor transparece especialmente no contato com o sofrimento, injustiça e pobreza; no contato com toda a "condição humana" histórica, que de vários modos manifesta as limitações e a fragilidade, tanto físicas como morais, do homem. Precisamente o modo e o âmbito em que se manifesta o amor são chamados na linguagem bíblica "misericórdia".

(JOÃO PAULO II, *Dives in Misericordia*, n. 3)

É meu vivo desejo que o povo cristão reflita, durante o Jubileu, sobre as *obras de misericórdia corporal e espiritual*. Será uma maneira de acordar a nossa consciência, muitas vezes adormecida perante o drama da pobreza, e de entrar cada vez mais no coração do Evangelho, onde os pobres são os privilegiados da misericórdia divina. A pregação de Jesus apresenta-nos estas obras de misericórdia, para podermos perceber se vivemos ou não como seus discípulos. Redescubramos as obras de *misericórdia corporal*: dar de comer aos famintos, dar de beber aos sedentos, vestir os nus, acolher os peregrinos, dar assistência aos enfermos, visitar os presos, enterrar os mortos. E não nos esqueçamos das obras de *misericórdia espiritual*: aconselhar os indecisos, ensinar os ignorantes, admoestar os pecadores, consolar os aflitos, perdoar as ofensas, suportar com paciência as pessoas molestas, rezar a Deus pelos vivos e defuntos.

(FRANCISCO, *Misericordiae Vultus*, n. 15)

Sumário

Reflexões bíblicas

Leituras Orantes

Abreviaturas dos livros bíblicos

Gênesis	Gn	Amós	Am
Êxodo	Ex	Abdias	Ab
Levítico	Lv	Jonas	Jn
Números	Nm	Miqueias	Mq
Deuteronômio	Dt	Naum	Na
Josué	Js	Habacuc	Hab
Juízes	Jz	Sofonias	Sf
Rute	Rt	Ageu	Ag
Samuel	1Sm, 2Sm	Zacarias	Zc
Reis	1Rs, 2Rs	Malaquias	Ml
Crônicas	1Cr, 2Cr	Mateus	Mt
Esdras	Esd	Marcos	Mc
Neemias	Ne	Lucas	Lc
Tobias	Tb	João	Jo
Judite	Jt	Atos dos Apóstolos	At
Ester	Est	Romanos	Rm
Macabeus	1Mc, 2Mc	Coríntios	1Cor, 2Cor
Jó	Jó	Gálatas	Gl
Salmos	Sl	Efésios	Ef
Provérbios	Pr	Filipenses	Fl
Eclesiastes (Coélet)	Ecl	Colossenses	Cl
Cântico dos Cânticos	Ct	Tessalonicenses	1Ts, 2Ts
Sabedoria	Sb	Timóteo	1Tm, 2Tm
Eclesiástico (Sirácida)	Eclo	Tito	Tt
Isaías	Is	Filêmon	Fm
Jeremias	Jr	Hebreus	Hb
Lamentações	Lm	Tiago	Tg
Baruc	Br	Pedro	1Pd, 2Pd
Ezequiel	Ez	João	1Jo, 2Jo, 3Jo
Daniel	Dn	Judas	Jd
Oseias	Os	Apocalipse	Ap
Joel	Jl		

As citações feitas seguem o seguinte critério:

- A **vírgula** separa capítulo de versículo: Lc 6,36 (Evangelho segundo Lucas, cap. 6, v. 36).
- O **ponto e vírgula** separa capítulos e livros: Is 49,15; 57,16 (livro de Isaías, cap. 49, v. 15; cap. 57, v. 16).

- O **ponto** separa versículo de versículo, quando não seguidos: Os 11,1.3.4-9 (livro do profeta Oseias, cap. 11, vv. 1 e 3 e de 4 a 9).
- O **hífen** indica sequência de versículos: Eclo 5,4-6 (livro do Eclesiástico, cap. 5, vv. de 4 a 6).
- O **travessão** indica sequência de capítulos: Ex 19,1–23,33 (livro do Êxodo, do cap. 19, v. 1, ao cap. 23, v. 33).

Introdução

Ao se admitir a existência da misericórdia, admite-se, igualmente, a existência da miséria. Esta admissão não é fruto apenas de simples constatação, mas implica conhecimento de causa que, por sua vez, requer a sensibilidade de quem percebe a realidade e reflete diante das diversas circunstâncias que envolvem o ser humano e o precipitam na miséria, seja ela material, seja espiritual. Ao se reconhecer uma situação ou, pior, uma instalada condição de miséria, surge de imediato, em quem é sensível e altruísta, a preocupação por encontrar uma solução.

Muitos questionamentos resultam desse reconhecimento, unido à vontade de encontrar soluções: Qual é a origem da miséria humana? Como tirar uma pessoa da situação de miséria? Como tirar a miséria de dentro de uma pessoa? É correto "qualificar" alguém como miserável? Como eliminar as causas da miséria para fazer cessar os seus efeitos? É possível eliminar a miséria socioambiental? Que situações podem ser classificadas como miseráveis?

Diante disso é certo: *miséria é tudo o que é desumano e é misericórdia tudo o que humaniza!*

Nos dias atuais, tem-se a impressão de que o termo misericórdia está desgastado e está ficando, cada vez mais, privado do seu sentido autêntico. Quando o termo misericórdia é confrontado com o termo justiça, parece que não indica a prática da indulgência por quem dela precisa, mas um "bom negócio" que até mesmo pode se tornar "útil" e rentável nas mãos de oportunistas. Por isso muitos se tornam miseráveis e são mantidos na sua condição de miséria. A misericórdia, porém, não é um ato de presunção sobre a justiça:

Não dizer: Pequei e nada me aconteceu de mal, porque ele é um Deus paciente.[1] Não dizer: O Senhor é compassivo e cancelará todas as minhas culpas. Não confiar no seu perdão para acrescentar culpa sobre culpa, pensando: a sua misericórdia é grande e perdoará os meus pecados, ainda que muitos (Eclo 5,4-6).

Ainda sobre a relação entre a misericórdia e a justiça de Deus, o Papa Francisco, referindo-se à experiência do profeta Oseias, oportunamente lembra: "A misericórdia não é contrária à justiça, mas exprime o comportamento de Deus para com o pecador, oferecendo-lhe uma nova possibilidade de se arrepender, converter e acreditar" (*Misericordiae Vultus*, n. 21).

Uma justa aproximação das situações de miséria e das pessoas que estão vítimas da miséria revela que, quando a justiça é para a salvação da vida humana, vivenciada e entendida como comunhão fraterna, ela é denominada misericórdia. Assim, qualquer tipo de justiça que não inclua um ato de perdão, fruto da misericórdia, é estranho para Deus e deveria, igualmente, ser estranho para nós, porque Deus não nos trata como exigem nossas culpas (cf. Sl 103,10).

O percurso e a metodologia usados no presente livro são bem simples. Na primeira parte são abordados os elementos essenciais para se compreender o tema da misericórdia na Bíblia. Na segunda parte é proposta a metodologia da *Lectio Divina*, isto é, da Leitura Orante, a partir de onze textos do Novo Testamento, pelos quais o tema vem aprofundado, evidenciando as obras de misericórdia corporal. Por meio desse percurso, acredita-se que se abre um caminho de inclusão e compreensão para as obras de misericórdia espiritual, pois elas, enquanto destinadas à formação do ser humano, formam uma unidade com as obras de misericórdia corporal.

---

[1] Outra tradução possível do grego μακροθύμως seria "longânime" (cf. At 26,3).

REFLEXÕES BÍBLICAS

1. Motivação inicial

Para abrir o coração e predispor a mente, a fim de acolher as bênçãos e as graças do Ano Santo da Misericórdia, visando o conhecimento e a prática das obras de misericórdia corporal e espiritual, propõe-se como motivação inicial a oração e uma breve reflexão sobre o Sl 103.

1.1. Sl 103

[1]Bendize ao Senhor, ó minha alma,
e tudo o que há em mim, o seu nome santo!
[2]Bendize ao Senhor, ó minha alma,
e não esqueças nenhum de seus favores.
[3]Ele perdoa toda a tua culpa
e cura todas as tuas enfermidades.
[4]Resgata a tua vida da fossa
e te coroa de graça e comiserações.
[5]Sacia tua idade de bens,
renova como a águia a tua juventude.

[6]O Senhor realiza atos justos
e direitos para todos os oprimidos;
[7]fez conhecer os seus caminhos a Moisés;
as suas condutas aos filhos de Israel.
[8]O Senhor é benévolo e gracioso,
lento para a ira e abundante de graça;
[9]não está em litígio para sempre,
e seu rancor não dura eternamente.
[10]Nunca nos trata conforme nossos pecados,
nem nos retribui segundo nossas culpas.

[11]Como o céu se eleva sobre a terra,
assim é potente a sua graça sobre os que o temem.

¹²Como o Oriente está longe do Ocidente,
ele afasta de nós as nossas iniquidades.
¹³Como um pai se comisera dos seus filhos,
o Senhor se comisera dos que o temem;
¹⁴porque ele conhece nossa feitura,
se recorda de que somos pó.
¹⁵O homem: como a erva são seus dias!
Floresce como a flor do campo;
¹⁶investe-lhe um vento e já desaparece,
e ninguém mais reconhece seu lugar.
¹⁷Mas a graça do Senhor existe desde sempre
e para sempre sobre os que o temem
e sua justiça é para os filhos dos filhos,
¹⁸para os que observam sua aliança
e se recordam dos seus preceitos para os realizar.
¹⁹O Senhor firmou nos céus o seu trono
e seu reino governa o universo.

²⁰Bendizei ao Senhor, anjos seus,
potentes executores da sua palavra,
obedientes ao som da sua palavra.
²¹Bendizei ao Senhor, todos os seus exércitos,
ministros seus que fazeis a sua vontade.
²²Bendizei ao Senhor, todas as suas obras,
em todos os lugares de seu governo.
Bendize ao Senhor, ó minha alma!

1.2. Breve reflexão[2]

Este salmo eleva a Deus um hino no qual se reconhece o seu amor. Canta-se a misericórdia de Deus em favor da miséria humana. É um hino que brota de uma alma que fez da experiência da

---

[2] Para aprofundamento, vejam-se as obras de: ALONSO SCHÖKEL; CARNINI, 1998, p. 1263-1274. BORTOLINI, 2000, p. 421-425. SCIPPA, 2002, p. 163-180. LORENZIN, 2008, p. 401-404. PIACENTINI, 2012, p. 538-542. STADELMANN, 2015, p. 502-506.

grandeza, da bondade e da misericórdia de Deus pelo seu povo a sua experiência pessoal. Reconhece que a graça e a misericórdia são mais plenamente percebidas nos que temem a Deus e guardam a sua aliança. Da experiência pessoal e comunitária se passa para o domínio universal de Deus, pelo qual, na sua justiça, tudo governa com maestria e sabedoria. Por isso céus e terra se unem para bendizer a Deus, manifestando que a sua realeza se concretiza na sua benevolência e misericórdia por todas as suas criaturas.

O orante no Sl 103 parece que está em "diálogo" com a sua alma, isto é, interagindo com o instrumento (garganta) que permite a comunicação do mundo exterior com o seu interior, para que bendiga o nome do Senhor, reconhecendo quem ele é e tudo o que faz. As obras do Senhor revelam o seu favor salvífico não tanto de opressões físicas ou de cunho político-social, mas psíquicas: pecado e culpas, como se estivesse falando de inimigos "interiores" do seu ser ou das causas profundas de suas misérias.

A aliança mencionada evoca o pacto do Sinai (cf. Ex 19,1–23,33) e as diversas vezes em que foi renovada por Deus com seus gestos e favores divinos pelo seu povo. Nesse sentido, o orante avalia toda a sua vida segundo a perspectiva dos ensinamentos contidos na Torá ensinada por Moisés e nas exortações proféticas (cf. Is 49,15; 57,16; 63,16; Jr 31,9.20; Os 2,6; 11,1.3.4).

A memória do pecado da idolatria (cf. Ex 32–34) serve de base para que o orante eleve seu louvor ao Senhor, pois diante de tamanha culpa o povo foi perdoado e a aliança foi renovada. Tal certeza é proclamada pelo orante, pois bendizer ao Senhor é reconhecer o seu ser gracioso e o seu agir benévolo. Na recordação dos benefícios do Senhor, o orante eleva a voz de sua adoração e sabe que o Senhor não fica indiferente aos pecados cometidos pelo ser humano, pois seu agir não acontece para aniquilar o culpado, mas serve para estimular a sua conversão e deixar que os seus erros sejam destruídos pela comiseração do Senhor.

No perdão dos pecados e das culpas está a recuperação da saúde e a cura de todas as enfermidades que podem antecipar a ida para a mansão dos mortos. O perdão dado pelo Senhor ao pecador arrependido é sinal de uma vida nova, representada na metáfora da águia, que, para se renovar, necessita arrancar seu bico e esperar que ele ressurja, cresça e, por ele, volte a se alimentar. Se a águia não tomar essa decisão, morrerá, certamente!

A certeza de que o Senhor perdoa o culpado, comparada com a ação benévola de um pai em relação a seu filho, evoca, por um lado, a experiência do orante em família (pode ter experimentado o perdão do seu próprio pai ou pode ter dado o perdão a seu próprio filho) e, por outro lado, manifesta que o orante não apenas sabe ler a Sagrada Escritura, mas aprendeu a praticá-la com justiça e misericórdia. Esse ensinamento vivenciado é fonte de superação de conflitos pessoais, familiares, sociais e religiosos.

O salmo revela, porém, que Deus não se rebaixa ao nível do ser humano, agindo de igual maneira, isto é, por uma justiça meramente retribuidora, mas, pelo seu amor, está acima de qualquer maldade praticada pelo ser humano. O exemplo da distância entre a terra e o céu atesta o uso que faz do seu amor. Por isso, um dado central neste salmo aparece nos traços de Deus: é amor, compaixão, misericórdia, graça, comiseração, perdão, cura, remissão etc. Ele é quem sacia de bens, faz justiça, defende os miseráveis e não deixa de ser fiel diante dos infiéis. O orante tira todas essas lições da história do seu povo, que precisa assimilar a comiseração do seu Deus e aprender a usar de comiseração na dinâmica da relação filial, familiar e social.

Diferentemente das divindades cananeias, o Deus concebido pelo antigo Israel não é Pai no sentido de "progenitor biológico do povo", mas é Pai enquanto criador, protetor e sustentador da vida e da existência das criaturas pela sua autoridade providente diante das necessidades da criação, em particular do ser humano, com o qual estabeleceu uma aliança. A obra de Deus que decide todas as coisas é a misericórdia, porque nela revela o seu mistério de amor que, por justiça, não abre mão do perdão: "Ele perdoa toda a tua culpa" (v. 3).

O Sl 103 acentua a paternidade de Deus e antecipa os ensinamentos que Jesus Cristo levou até as últimas consequências. Ao ensinar os discípulos a chamar a Deus de Pai, a conhecê-lo através das parábolas da misericórdia e a praticar a misericórdia, introduziu para eles o grande diferencial evangélico na compreensão da Lei da Santidade "Sede santos porque eu, o Senhor vosso Deus, sou santo" (Lv 19,2) e da sua exigência quando interpretou essa lei, afirmando: "**Sede misericordiosos como o vosso Pai celeste é misericordioso**" (Lc 6,36).

2. Vocabulário bíblico da misericórdia[1]

Todas as línguas procuram, na medida do possível, definir a compreensão de afetos e sentimentos que se experimentam na vida. Então, para perceber e compreender devidamente o valor do conteúdo transmitido através do conceito misericórdia, um caminho linguístico se faz necessário. O termo misericórdia é, sem dúvida, um dos mais ricos em significados. É um termo, em português, derivado do latim e significa *coração dado aos miseráveis*. Como São Jerônimo traduziu a Bíblia a partir das línguas originais, na base estão o hebraico e o grego.

O verbo hebraico *rāḥam* indica uma atitude graciosa de Deus, a sua terna bondade e piedade, cuja plenitude é o seu amor misericordioso. Da raiz *rḥm* deriva o substantivo *reḥém*, que se traduz por "ventre materno", no qual um ser humano é aninhado, se desenvolve e é formado para nascer. Na Bíblia existe um intercâmbio entre o que sente o ser humano e o que vem de Deus. No fundo, a dinâmica bíblica atesta que o povo eleito aprendeu do seu Deus o sentido último de tudo o que existe de bom no mundo e o discernimento para se afastar de tudo o que é nocivo à sua vida. Deus, na Bíblia, é um grande mestre e pedagogo para o seu povo.

A versão grega da Bíblia, denominada LXX (Septuaginta), traduz os termos hebraicos e seus derivados por diferentes termos: a) *éleos* significa o sentimento da íntima comoção ou íntima com-

---

[1] Cf. H.-H. ESSER, "Misericordia". In: COENEN; BEYREUTHER; BIETENHARD, 1986, p. 1013-1021. H. J. STOEBE, "וְנֹחַ *ḥnn* Ser compasivo", p. 815-829; "חֶסֶד *ḥesed* Bondad", p. 832-861. In: JENNI; WESTERMANN, 1978; "מחר *rḥm piel* Tener misericordia", p. 957-966. In: JENNI; WESTERMANN, 1985. D. A. BAER; R. P. GORDON, "דסח". In: VAN GEMEREN, 2011, vol. 4, p. 209-216. M. BUTTERWORTH, "מחר". In: VAN GEMEREN, 2011, vol. 4, p. 1088-1090. V. HAMILTON, "חָמַר". In: VAN GEMEREN, 2011, vol. 4, p. 1091-1092.

paixão que uma pessoa sente por outra pessoa afetada por algum mal físico ou psíquico. É o sentimento no qual uma pessoa, movida pela compaixão, percebe que também ela poderia ser vítima de algum tipo de mal; b) *oiktirmós* denota a expressão de quem se compadece diante dos infortúnios do próximo; c) *splánchna* acentua a sede dos sentimentos que envolvem a compaixão, em particular as "vísceras" e o "coração". O que une todos esses termos é a *charis*, isto é, a graça, enquanto gratuidade, na vida de quem manifesta o socorro pelos necessitados.

Os termos gregos, diferentemente dos termos hebraicos, acentuam o caráter psicológico e, de certa forma, possuem um predomínio jurídico e argumentativo da razão. Sócrates, por exemplo, não reivindicou a misericórdia de seus discípulos, pois que sua morte fora decretada conforme as leis. Já a experiência da revelação, expressa em linguagem semítica, apresenta-se muito mais orientada à solidariedade, a qual deriva da fé em Deus, que concluiu uma aliança com o seu povo. Por fidelidade à aliança, Deus manifesta bondade, graça e misericórdia em virtude da sua força e potência, agindo de forma favorável pelo seu povo quando este sucumbe e se demonstra infiel à aliança. As ações de Deus, apesar de sua superioridade, permanecem orientadas em relação à fidelidade à aliança mesmo quando essa foi rompida pelo seu povo, razão pela qual continua a agir com bondade e misericórdia para com ele. Por isso o povo pode invocar a graça do perdão após ter violado a aliança (cf. Ex 34,6-7; Nm 14,18-19; Jr 3,12-13).

Na Bíblia hebraica, os termos *rāḥam* e *reḥém* evocam o apego amoroso de Deus pelo ser humano, como se Deus possuísse entranhas humanas capazes de se comover e estremecer quando nele pensa (cf. Is 14,1; 49,10.13.15; Jr 31,20; 33,26; Sl 69,17). Desses exemplos explicito apenas dois:

Poderia esquecer uma mulher o seu infante e deixar de se comiserar (*mēraḥam*) do filho do seu ventre? Mesmo se ela esquecesse, eu de ti não esqueceria. (cf. Is 49,15)

É Efraim um filho precioso para mim, um infante de deleites; por que eu, depois de falar contra ele, ainda, novamente, me lembro dele? Por isso, se comovem minhas entranhas por ele, certamente comisero-me dele (*raḥēm 'ăraḥămennû*)! Oráculo do Senhor. (Jr 31,20)

No hebraico, as *raḥămîm*, plural de *rāḥam*, são as "entranhas amorosas de Deus". As vísceras indicam,[2] sobretudo, as entranhas maternas, mas a palavra exprime também o amor que um pai nutre pelo filho: "Como um pai se comisera (*kᵉraḥēm*) do seu filho, assim o Senhor se comisera (*riḥam*) dos que o temem" (Sl 103,13).

Essa mesma concepção foi exemplificada no ensinamento de Jesus Cristo na parábola do Pai misericordioso: "E erguendo-se, foi na direção do seu pai. Ainda estava longe, o seu pai contorceu-se de comiseração (*esplanchnistē de splanchnizomai*) e correu ao seu encontro, lançou-se ao pescoço e beijou-o" (Lc 15,20).

O que Deus "prova" e "experimenta" pelo seu povo é uma misericórdia visceral, isto é, vital, e que equivale à força do vínculo de sangue. Eis alguns exemplos:

Então José, visto que as suas entranhas se comoveram (*rāḥam*) por seu irmão e quis chorar, entrou apressadamente em sua habitação e ali chorou. (Gn 43,30)

As graças do Senhor recordarei; louvor do Senhor sobre tudo que nos fez o Senhor e a imensa bondade pela casa de Israel que lhes usou segundo as suas misericórdias (*raḥămîm*) e as suas graças imensas (*ḥesed*). (Is 63,7)

---

[2] Na concepção semita, o centro dos sentimentos encontra-se nas entranhas: "O meu amado estendeu a sua mão desde a fenda e minhas vísceras se comoveram sobre ele" (Ct 5,4). A LXX traduziu *raḥămîm* por *ta splánchna*, que no grego extra-bíblico indica os órgãos internos dos animais: o coração, o fígado, os pulmões e os rins, que eram oferecidos em sacrifício às divindades.

Olha dos céus e vê da tua santa e esplêndida morada. Onde está o teu zelo e a tua potência? A comoção das tuas entranhas e das tuas misericórdias (*raḥămîm*) está retomada para mim. (Is 63,15)

Por isso, assim diz o Senhor Adonay: "agora farei voltar os cativos de Jacó e terei misericórdia (*rāḥam*) de toda a casa de Israel e zelarei pelo meu santo nome". (Ez 39,25)

O substantivo *ḥen* significa graça, cordialidade, benevolência. Não tanto como sentimento, mas como a ação de quem se presta ao socorro altruísta.

E Noé encontrou graça (*ḥen*) aos olhos do Senhor. (Gn 6,8)

E esteve o Senhor com José e estendeu-lhe bondade e concedeu graça (*ḥen*) aos olhos do carcereiro. (Gn 39,21)

O verbo *ḥesad* possui um significado muito amplo e expressa "ser fiel, ter misericórdia, ter piedade, ter compaixão". Já o substantivo derivado, *ḥesed*, indica a "graça", a "benevolência" quando um ser humano experimenta uma disposição gratuita e favorável da vontade de alguém em relação a seu semelhante (cf. Gn 47,29; Js 2,12-14; 1Sm 20,14-15; Rt 1,8; 3,10).

A misericórdia do Senhor não invalida a sua justiça (em hebraico: *ṣedaqâ*, que a LXX não traduz apenas por *dikaiosýnē*, mas também por *éleos*, do qual deriva *eleēmosýnē*),[3] visto que o agir justo do Senhor funda-se na aliança: agindo com misericórdia, assim também devem ser realizados os atos humanos de benevolência e misericórdia.

Ao se aproximarem os dias de Israel para morrer, chamou o seu filho José e lhe disse: "por favor, se encontrei benevolência (*ḥen*)

---

[3] "Para o homem bíblico, a esmola tinha um conteúdo profundo que hoje nos escapa. A esmola é designada em hebraico pelo termo *sedaqá*, que significa 'justiça'. Poderíamos dizer que 'dar esmola' equivale a 'fazer justiça', em nome de Deus, àqueles a quem os seres humanos não a fazem" (PAGOLA, 2013a, p. 324).

aos teus olhos, põe, por favor, tua mão sob minha coxa e farás comigo graça (*ḥesed*) e fidelidade, não me sepultarás, por favor, no Egito". (Gn 47,29)

E agora, por favor, jurai-me pelo Senhor que fareis comigo graça (*ḥesed*) e fareis também graça (*ḥesed*) com a casa de meu pai e me dareis um sinal fiel e deixareis com vida meu pai e minha mãe e meus irmãos e minhas irmãs e tudo o que é deles e livrareis nossas vidas da morte. (Js 2,12-13)

E se estarei ainda vivo, usarás da graça (*ḥesed*) do Senhor para comigo, mas se estiver morto, não deixarás de usar da tua graça (*ḥesed*), para sempre, com os da minha casa, até que o Senhor não destrua cada um dos inimigos de Davi de sobre a face da terra. (1Sm 20,14-15)

Noemi, porém, disse às suas noras: "Ide! Retornai cada uma para a casa materna. Que o Senhor use de benevolência (*ḥesed*) para convosco como fizestes para com os mortos e para comigo". (Rt 1,8)

Ele exclamou: "Bendita tu és diante do Senhor, minha filha! Fizeste bem, pois a tua última benevolência (*ḥesed*) foi melhor que a primeira, por não andar atrás dos jovens, quer sejam pobres, quer sejam ricos!" (Rt 3,10)

O uso mais frequente do polissêmico termo *ḥesed* indica o favor de Deus em relação ao ser humano, e, por isso, pode ser traduzido por "misericórdia", "benevolência", "piedade", "graça", "lealdade". Essas atitudes revelam o apego amoroso de Deus pela aliança. É uma ação que indica a força da bondade de Deus diante da fraqueza do ser humano que não consegue ser fiel à aliança. Assim, é o amor que surge puro e gratuito em Deus, que, permanecendo fiel à aliança, age com benevolência e misericórdia em relação ao ser humano inferior e infiel.

Perdoa, por favor, a iniquidade deste povo segundo a grandeza da tua graça (*ḥesed*), como perdoastes este povo do Egito até aqui. (Nm 14,19)

Porque Israel era jovem, amei-o (*'āhab*) e do Egito chamei meu filho... Com laços humanos os atraía, com vínculos de amor (*'ahăbâ*); era para eles como quem leva o jugo sobre as mandíbulas e para ele me inclinei e alimentei. (Os 11,1.4)

O termo *hesed* aparece unido ainda a *rahămîm* (cf. Is 63,7; Jr 16,5; Lm 3,32; Sl 51,3), bem como a *'ĕmet*, que pode ser traduzido por "firmeza", "fidelidade", "verdade", e do qual deriva o "amém" (cf. Gn 24,27; 2Sm 2,6; Sl 25,10; 86,15; 138,2). Assim, o *hesed* de Deus é "potente" (cf. Sl 103,11; 117,2), é "eterno" (cf. Sl 25,6; 100,5; 103,17; 136), é "bom" (cf. Sl 69,17; 109,21), é "precioso" (cf. Sl 36,8), é "grande" (cf. Sl 86,13), é "maravilhoso" (cf. Sl 31,22), e é "melhor do que a vida" (cf. Sl 63,4).

A misericórdia de Deus é, acima de tudo, um atributo que indica a sua ação favorável diante da miséria do ser humano. Dessa compreensão deriva para os crentes uma consequência ética fundamental: o ser humano é imagem e semelhança de Deus e, portanto, chamado a imitar Deus, com bondade, graça e misericórdia, em suas ações.

E será, por conseguinte, ouvireis esses decretos, e os guardareis e os praticareis; então o Senhor, teu Deus, guardará a aliança e a graça (*hesed*) que jurou aos teus pais. (Dt 7,12)

A expressão "amor misericordioso" não ocorre na Bíblia de forma literal. Depreende-se, porém, que esta ação divina permeia toda a História da Salvação, cujo fio condutor é o amor de Deus, que é "rico de misericórdia" (Ef 2,4). Pode-se dizer, então, que o "amor misericordioso" é a identidade do Deus de Abraão, de Isaac, de Jacó, de Moisés, de Davi, dos profetas, e que foi revelado como Pai rico de misericórdia por Jesus Cristo. No "amor misericordioso" de Deus revelado em Jesus Cristo toda a criação foi redimida e salva. "Por que a lei foi dada por Moisés, mas a graça e a verdade vieram por Jesus Cristo" (Jo 1,17). Jesus Cristo é a graça (*charis*) e a verdade (*alētheia*) encarnadas que revelam o "amor misericordioso" de Deus.

A misericórdia de Deus, portanto, é uma potência do seu amor que prevalece sobre o pecado e sobre as infidelidades do ser humano, mas nem por isso deixa de ser um ato de sua justiça. Em vários textos tal experiência revela que Deus também pode recusar sua benevolência a quem dele se afasta, não porque deixa de amar o transgressor, mas porque quer corrigi-lo (cf. Is 9,16; 27,11; Os 1,6-7; Jr 16,5; Eclo 16,12-14):

> Por isso, sobre os seus jovens não se alegrará o Senhor e dos seus órfãos e das suas viúvas não terá comiseração (*rāḥam*), porque cada qual é ímpio e ruim e toda boca fala tolice. Por tudo isso não reverte a sua ira e de novo a sua mão está estendida. (Is 9,16)

> Ao secarem, os galhos são quebrados; vêm mulheres e os levam para queimar. Este povo não é inteligente, por isto o seu criador não tem compaixão dele (*rāḥam*); aquele que o modelou não lhe mostrou favor. (Is 27,11)

> Esta concebeu novamente e deu à luz uma filha. Então, ele lhe disse: "Chama-a com o nome de *Lo-Ruhamah* [*Sem-compaixão*], porque eu não terei mais compaixão (*rāḥam*) pela casa de Israel, não o suporto mais. [7]Mas terei compaixão (*rāḥam*) da casa de Judá e os salvarei por obra do Senhor, seu Deus. Não os salvarei pelo arco, espada ou guerra, nem por cavalos ou carros de guerra". (Os 1,6-7)

> Tão grande como a sua misericórdia (*éleos*) é o seu castigo, julga cada ser humano segundo as suas obras. O pecador não fugirá com sua rapina nem será frustrada a paciência do piedoso. Toda esmola (*eleēmosýnē*) que for feita segundo a obra de cada um será recompensada. (Eclo 16,12-14)

3. Deduções sobre o vocabulário

Na exposição dos conceitos presentes nos vários textos antes citados, nota-se que os escritores sagrados (hagiógrafos) procuraram expressar o amor de Deus através dos seus atos de benevolência, graça, misericórdia e justiça, manifestados em diversas situações da história do antigo Israel. A base da reflexão é feita sobre o agir benevolente de Deus diante da frágil condição do ser humano, que parece sempre inclinado para o que causa a sua miséria e a dos demais. Disso deriva o conhecimento que, por experiência, os hagiógrafos adquiriram de Deus e sobre o qual elaboraram as reflexões capazes de transmiti-lo para os seus contemporâneos, deixando um legado para as futuras gerações.

Ao fazer teologia, isto é, ao dizer quem é Deus, os hagiógrafos, igualmente, estavam fazendo antropologia, isto é, revelando quem é o ser humano. Assim, teologia e antropologia bíblica não são saberes separados, mas intimamente conexos, pois pela revelação bíblica não é possível falar de Deus sem falar do ser humano e vice-versa.

Pode-se dizer que o relato da primeira desobediência do ser humano (cf. Gn 3,1-24), no fundo, foi a primeira tentativa de alcançar, através da usurpação do conhecimento do bem e do mal, uma emancipação sobre sua existência e seu destino. Segundo o texto, porém, a frustração foi o que o ser humano experimentou na sua tentativa de querer ser igual a Deus, esquecendo que, por amor, já era imagem e semelhança de Deus (FERNANDES, 2015, p. 81-90).

A mensagem bíblica da misericórdia de Deus inicia com a experiência da primeira miséria humana. Uma história das misericórdias de Deus tem início e, nela, o ser humano começa a descobrir a presença e a ação de Deus como próximo, providente, santo, justo, paciente e misericordioso.

3.1. Deus próximo e providente

A experiência humana universal, relatada em Gn 1,1–11,32, serve de base para a história do envolvimento de Deus com o ser humano através da vocação e da missão dos antepassados do antigo Israel. Gn 12,1–50,26 contém a narrativa dos patriarcas que vivem o drama da luta pela sobrevivência, culminando com o ingresso de Jacó e seus filhos no Egito, no qual os descendentes de Abraão se tornaram um povo grande, forte e numeroso, razão pela qual foram duramente oprimidos (cf. Ex 1,1-22).

Do livro do Êxodo ao livro do Deuteronômio esse povo fez experiência de Deus próximo e providente; como verdadeiro condutor da sua história. A saída do Egito e a marcha pelo deserto, com todas as suas dificuldades, deram ao povo liberto a certeza de que Deus estava com ele, dia e noite, como um pastor e guardião. Servo de Deus e grande profeta, Moisés, antes de morrer, exortou o povo a ser fiel à aliança estabelecida no Sinai, usando um critério diferenciador: "Pois qual é o povo grande para o qual existam deuses próximos para ele, como o Senhor nosso Deus, quando a ele invocamos?" (Dt 4,7), e acrescentou: "Porque a Palavra está muito próxima de ti; está na tua boca e no teu coração para praticá-la" (Dt 30,14).

A experiência de proximidade e Providência divina continuou afirmada nos livros posteriores ao Pentateuco, desde a conquista da terra até a sua perda, com o consequente exílio para a Babilônia (Js a 2Rs). Nessa história, coube aos profetas enviados por Deus, autênticos sinais da sua proximidade e providência, a missão de exortar e chamar as lideranças e o povo à conversão e à fidelidade, sem as quais experimentariam o "abandono" de Deus.

Nos Salmos, de modo particular, são revelados os sentimentos de quem vive da fé e da certeza de que Deus é próximo e providente: "O Senhor está próximo dos contritos de coração e salva os abatidos de espírito" (Sl 34,19); "O Senhor está próximo dos que o invocam, de todos que o invocam em verdade" (Sl 145,18). A mesma certeza sustentou Jó em sua provação e miséria: "Vida e misericórdia fizeste comigo e tua providência guardou o meu espírito" (Jó 10,12). O Sl 33 é um hino à Providência de Deus, no qual se exalta o seu amor e o temor do ser humano. O mesmo pode ser dito do Sl 127, no qual o ser humano não está dispensado das suas tarefas.

Em síntese, o Antigo Testamento apresenta a soberania e a supremacia de Deus ao lado da liberdade e da responsabilidade do ser humano, que, se não fosse responsável por seus atos, não poderia ser julgado. A certeza da proximidade e da Providência divina levou à concepção de que Deus interviria de forma direta e definitiva na história através do seu messias.

Tal perspectiva não apenas continuou viva no Novo Testamento, mas reconheceu em Jesus Cristo o cumprimento definitivo da proximidade e da Providência de Deus. Jesus Cristo, no seu ensinamento, insistiu no abandono à Providência de Deus (cf. Mt 6,25-34; Lc 12,13-21) e ainda afirmou que nenhum fio de cabelo cai da cabeça do ser humano sem o consentimento de Deus (cf. Lc 12,7). A maior prova do abandono de Jesus Cristo nas mãos do Pai fica resumida na última fala da sua vida: "Pai, nas tuas mãos entrego o meu espírito" (cf. Lc 23,46).

3.2. Deus santo

Durante o tempo que o povo liberto ficou no deserto, recebeu muitas leis, normas e preceitos divinos através de Moisés. Leis justas, que visavam a reta convivência de cada indivíduo em relação a seu semelhante, mas, principalmente, em relação a seu Deus. Dentre todas elas, uma em particular estabelece o sentido da relação quer na vertical, quer na horizontal: "Fala a toda a assembleia dos filhos de Israel e dize-lhes: 'Sede santos, porque eu o Senhor vosso Deus, sou santo'" (Lv 19,2).

Esta Lei da Santidade não significa que Deus carrega sobre os ombros do seu povo um peso, isto é, algo que é próprio da sua natureza divina, mas o impulsiona a encontrar a razão para viver com integridade e justiça. Na verdade, a convivência com Deus durante o período do deserto estabeleceu critérios de comunhão que visavam salvaguardar a liberdade concedida a fim de que não mais voltassem a cair na lama da opressão pelo pecado. Por isso, antes de morrer, Josué renovou com o povo a aliança e lembrou o critério da santidade de Deus: "Disse Josué ao povo: 'Não podereis servir ao Senhor, porque ele é um Deus santo. Ele é um Deus ciumento que não suportará as vossas transgressões e os vossos pecados" (Js 24,19).

A santidade de Deus, manifestada ao povo de inúmeras maneiras, permite ser experimentada como uma graça que deve ser reconhecida: "Exaltai o Senhor nosso Deus, prostrai-vos diante do seu monte santo, porque Santo é o Senhor nosso Deus" (Sl 99,9). Uma graça que, quando assumida, se torna irresistível e fundamenta a missão. É o caso do profeta Isaías, que, ao ouvir: "Santo, Santo, Santo é o Senhor dos exércitos. A terra está plena da sua glória" (Is 6,3), prontamente, diante das perguntas: "Quem enviarei? Quem irá por nós?", respondeu: "Eis-me aqui, manda-me!" (Is 6,8). Para Isaías, a santidade e o poder régio de Deus conferem sentido à história. A santidade, por ser o maior atributo de Deus, confere perfeição moral a todas as suas obras, demonstrando o seu domínio régio sobre Israel e sobre todas as nações.

Só Deus é santo, mas, pela ordem dada, imprimiu-se no povo o desejo dessa santidade que se realiza enquanto pertença exclusiva e reflexo vivo do próprio Deus. Viver na presença de Deus é, então, participar da sua santidade. Apesar de a santidade ser um elemento diferenciador em Deus e que manifesta a sua transcendência, não impede que se faça próximo do ser humano. O máximo dessa aproximação ocorreu na encarnação do Verbo de Deus.

Por isso Jesus Cristo é o consagrado a/de Deus por excelência, é o "santo de Deus" (Mc 1,24), enviado ao mundo para comunicar de forma pessoal a santidade do próprio Deus. Pelo dom do Espírito Santo Jesus Cristo se ofereceu como caminho de participação na santidade de Deus.

3.3. Deus justo

A compreensão da santidade de Deus está intimamente unida à certeza de que Deus é justo em tudo o que faz: "Porque justo é o Senhor, justiça ama; os retos hão de ver a sua face" (Sl 11,7); "Piedoso e justo é o Senhor; e nosso Deus tem compaixão" (Sl 116,5); "Senhor, tu és justo e retos são teus juízos" (Sl 119,37); "Justo é o Senhor em todos os seus caminhos e piedosas são todas as suas obras" (Sl 145,17).

A certeza de que Deus é justo permite que o fiel não perca a esperança diante das dificuldades e incompreensões da vida, em particular quando perceber as próprias limitações e as limitações dos demais. Assim se passa do Deus justo à sua justiça, que não se reduz a "dar, a cada um, o que lhe é devido", mas diz respeito à fidelidade que Deus empenha à palavra dada.

No que diz respeito ao Antigo Testamento, a concepção de Deus justo implica a fé na certeza de que a sua vontade e o que ele faz estão em estreita relação com o que ele é por natureza: santo (cf. Lv 19,2). De modo particular, a justiça de Deus se manifesta na sua total fidelidade à aliança selada com os libertos do Egito, aos quais se revelou e elegeu por puro amor (cf. Dt 7,7-12). Por isso o agir justo de Deus foi, pouco a pouco, compreendido melhor, deixou de ser um sinal de punição e passou a ser assumido como provas de clemência, de misericórdia, de perdão e de salvação (cf. Gn 18,25; Dt 32,4).

Essa perspectiva se concretizou no Novo Testamento pela experiência de Jesus Cristo como revelação da justiça salvadora de

Deus. Quem se entregou com confiança incondicional à justiça de Deus passou a ser chamado de justo (cf. Mt 1,19; Mc 6,20; Lc 2,25; 23,50; Jo 17,25; Rm 3,5). A justiça de Deus se revelou no justo Jesus Cristo, em seu modo de ser e de agir. Por isso ele disse: "Eu e o Pai somos um" (Jo 10,30); "Quem me vê, vê o Pai" (Jo 14,9). O apóstolo Paulo entendeu e ensinou que a misericórdia e a justiça resultam da ação redentora que Deus operou a favor do ser humano em Jesus Cristo.

3.4. Deus paciente e misericordioso

No Antigo Testamento, a experiência de Deus paciente e misericordioso foi particularmente vivida por Moisés, pelos profetas, e cantada pelos salmistas. A paciência é compreendida como uma ação ou reação lenta ou demorada, que se alonga e se estende. Deus não é impetuoso, mas longânime, e mostra que é lento para se irar e castigar o culpado. Insiste na correção, não na pena; prefere provocar a conversão, agir com misericórdia e perdoar.

O Papa Francisco insiste nesse ponto e afirma: "*Paciente e misericordioso* é o binômio que aparece, frequentemente, no Antigo Testamento para descrever a natureza de Deus. O fato de ele ser misericordioso encontra um reflexo concreto em muitas ações da história da salvação, onde a sua bondade prevalece sobre o castigo e a destruição" (*Misericordiae Vultus*, n. 6).

A paciência é a ação imprescindível de um educador e pedagogo, pois sabe que é preciso esperar que o conhecimento aprendido seja apreendido e posto em prática. É como Deus age com o ser humano. A paciência de Deus pelo ser humano é inesgotável e irrevogável, pois educa amando, e ama educando. Isto significa que Deus suporta o erro e segura o seu direito de castigar o malvado, mas não o trata como inocente (cf. Na 1,3).

Moisés, ao descer do monte com as duas pedras da Lei nas mãos, presenciou o pecado da idolatria do povo e inflamou-se. Na sua experiência, descobriu que a misericórdia de Deus é maior que a sua ira: "O Senhor passou diante dele e proclamou: 'Senhor, Senhor, Deus de piedade e misericórdia, paciente na ira e abundante de graça e verdade" (Ex 34,6-7). Essa proclamação da misericórdia de Deus não contrasta com a sua justiça, mas a afirma como disposição salvífica diante dos que erraram.

Assim, tal verdade tornou-se decisiva para o profeta Joel conclamar o povo a assumir uma atitude de fé diante da apatia causada pela situação desoladora: "Rasgai os vossos corações e não as vossas vestes e voltai ao Senhor vosso Deus, porque ele é piedoso e misericordioso, paciente na ira e abundante de graça e se compadece do malvado" (Jl 2,13). A mesma certeza teve o profeta Jonas ao perceber que Deus tinha decidido perdoar os habitantes de Nínive. A atitude de Deus deflagrou, igualmente, o desejo que Jonas havia alimentado em seu coração (FERNANDES, 2010, p. 20-24): "Porque sabia que tu és um Deus piedoso e misericordioso, paciente na ira e abundante de graça e que se compadece do malvado" (Jn 4,2). Em meio às mais diferentes vicissitudes, esta certeza fez o salmista igualmente proclamar: "O Senhor é benévolo e gracioso, lento para a cólera e abundante de graça" (Sl 103,8).

Ao mesmo tempo que Deus revelou, em Jesus Cristo, todo o seu amor pela humanidade pecadora, manifestou, igualmente, que, nele, chegou o tempo do ajuste de contas. Foi dessa forma que Deus mostrou ser fiel à sua misericórdia e permitiu que o seu Filho Unigênito fosse macerado na carne da mesma forma que permitiu que Moisés quebrasse as pedras da Lei sem sofrer dano algum. O gesto de Moisés antecipou, no ato de romper as pedras da Lei, o que Deus decidira fazer com seu Filho para a salvação da humanidade. A misericórdia de Deus se manifestou na ira da humanidade que condenou Jesus Cristo a morrer por amor.

4. Primeiras considerações

De tudo o que já foi dito até o presente momento, pode-se deduzir que a misericórdia não pertence apenas ao aspecto conceitual de Deus, mas é o que essencialmente o caracteriza. Exatamente por isso é que a Sagrada Escritura apresenta Deus e a sua misericórdia através de uma riqueza terminológica, proclamando-a como um ato que o aproxima do ser humano nas suas diversas vicissitudes, encorajando, sobretudo os mais necessitados e caídos na desgraça por causa do pecado, a apelar para a misericórdia de Deus. Por isso o amor misericordioso de Deus "condiciona" a sua justiça a se servir da caridade. Essa certeza parece que forjou os salmistas e os profetas, que usaram o sentido da justiça de Deus para significar a salvação que vem por sua misericórdia. Explicito com alguns exemplos:

> A tua justiça não escondi no fundo do meu coração; a tua fidelidade e a tua salvação digo; não oculto a tua graça (*ḥesed*) e a tua fidelidade para a grande assembleia. (Sl 40,11)

> O Senhor fez conhecer a sua salvação; aos olhos dos povos revelou a sua justiça. Lembrou-se da sua graça (*ḥesed*) e da sua fidelidade pela casa de Israel. Todos os confins da terra viram a salvação do nosso Deus. (Sl 98,2-3)

> Está próxima a minha justiça; sairá minha salvação; meus braços os povos julgarão; por mim esperam as ilhas e pelos meus braços esperam. (Is 51,5)

> Assim fala o Senhor: "Observai o direito e praticai a justiça, porque está próxima a minha salvação por vir e minha justiça a ser descoberta". (Is 56,1)

No vocabulário bíblico sobre as ações de Deus encontra-se um fundo psicológico capaz de causar um grande impacto sobre o ser humano, pois nele gera não apenas sentimentos, mas comportamentos: bondade, ternura, paciência e compreensão, que se traduzem, em muitos casos, na capacidade de prontamente perdoar o seu semelhante. A síntese é clara: justiça, misericórdia, graça, fidelidade e salvação são inseparáveis em Deus e no seu agir.

Ao definir a misericórdia de Deus de forma antropomórfica, os autores bíblicos se serviram de termos que correspondem à consciência e à experiência do ser humano no seu cotidiano. Nesse sentido, aproximaram Deus ao ser humano com palavras e gestos que manifestavam a graça capaz de predispô-lo a agir como o próprio Deus, isto é, de forma benévola, clemente e misericordiosa. O exemplo contido em Is 1,2-20 concretiza essa informação e ajuda a perceber como Deus, educando seu povo, não dispensou o tom de litígio, desejando a sua conversão e não a sua condenação (cf. Ez 18,23; 33,11).

4.1. Is 1,2-20: "O Senhor está falando... o Senhor falou!"

[2]Ouvi, ó céus; dá ouvidos, ó terra, porque o Senhor está falando: "Criei filhos e os exaltei, mas se rebelaram contra mim. [3]O boi conhece o seu amo e o asno, o comedor de seu dono; mas Israel não conhece; meu povo não tem entendimento".
[4]Ai da nação pecadora! Do povo pesado de culpa! Laia de malfeitores! Filhos pervertidos! Abandonaram o Senhor, desprezaram o Santo de Israel, deram as costas. [5]Onde ainda sereis golpeados, se continuais rebeldes? A cabeça toda está enferma e todo coração está adoecido; [6]desde a planta dos pés até a cabeça, não existe um lugar ileso: contusões, feridas e chagas frescas; não foram espremidas, nem atadas nem suavizadas com óleo. [7]A vossa terra está desolada e vossas cidades queimadas; estrangeiros devoram o vosso solo ante os vossos olhos; é um assombro como destruição de estrangeiros. [8]A filha de Sião ficou como uma palhoça em uma

vinha, como uma choça em um campo de pepinos, como uma cidade sitiada. [9]Se o Senhor dos Exércitos não nos tivesse deixado um resto, estaríamos como Sodoma, como Gomorra estaríamos parecidos.

[10]Ouvi a palavra do Senhor, chefes de Sodoma, dá ouvidos à lei do nosso Deus, povo de Gomorra! [11]"Que valem para mim o grande número dos vossos sacrifícios?", diz o Senhor. "Estou farto de holocaustos de carneiros e da gordura de bezerros cevados; o sangue de novilhos, cordeiros e cabritos não me apraz. [12]Quando a mim vos apresentais, quem reclamou isto de vós, pisar meus átrios? [13]Chega de trazer vãs oblações: para mim são um abominável incenso. Novilúnios, sábados e assembleias, não suporto iniquidade e reuniões solenes! [14]A minha alma odeia os vossos novilúnios e as vossas solenidades; são um peso para mim; cansa-me suportá-los. [15]E ao estender as vossas mãos, oculto-vos os meus olhos; mesmo que multipliqueis a oração não vos ouvirei. Vossas mãos estão cheias de sangue: [16]lavai-vos, purificai-vos! Afastai da frente de meus olhos a maldade de vossas ações! Cessai de fazer o mal, [17]aprendei a fazer o bem! Buscai a justiça; endireitai o opressor; fazei justiça ao órfão, defendei a causa da viúva!

[18]Vinde e façamos as contas, diz o Senhor: se os vossos pecados estiverem como escarlate, ficarão brancos como a neve; se estiverem vermelhos como carmesim, ficarão como a lã. [19]Se vos dispuserdes ouvir, o melhor fruto da terra comereis; [20]mas se vos negardes e vos rebelardes, pela espada sereis devorados;" porque a boca do Senhor falou.

4.2. Breve reflexão[1]

Este texto abre o livro de Isaías e é uma palavra que se encontra nos lábios do profeta antes mesmo do anúncio da sua vocação (cf. Is 6,1-13). Isaías é o mediador de uma palavra na qual as queixas do Senhor são apresentadas em relação a seu povo, ingrato e

---

[1] Para aprofundamento, vejam-se as obras de: SEVERINO CROATTO, 1988, p. 32-35. ALONSO SCHÖKEL; SICRE DIAZ, 1988, p. 118-122. KAISER, 1988, p. 23-59.

falso. A dinâmica paterna é clara, seguida de uma metáfora com animais que agem de forma mais sensata que os filhos: o boi e o jumento. Esses dois animais são instrumentos de transformação da terra pela ajuda que prestam ao ser humano (vv. 2-3). Jó 24,3 associa o jumento ao órfão e o boi à viúva num contexto de violência praticada na terra contra essas duas classes de dependentes.[2]

O verbo conhecer rege as ações metafóricas e serve para contrapor o que Israel, povo do Senhor, não é capaz de fazer: conhecer e discernir, razão pela qual o comportamento não corresponde à vontade do Senhor. Isso fica claro na denúncia: nação pecadora, povo pleno de iniquidade, raça de malfeitores e filhos pervertidos. A consequência mais nefasta: abandono, desprezo e distanciamento do Senhor (vv. 3-4).

A correção aplicada pelo Senhor não alcançou o resultado esperado, pois o povo, apesar de estar ferido dos pés à cabeça, persiste e continua agindo com maldade. A linguagem usada não poderia ser mais eloquente, pois descreve uma pessoa inteiramente chagada e sem cuidados, mas que não se comporta, por exemplo, como o sábio Jó, que, embora inocente, em momento algum foi considerado culpado pelo Senhor (vv. 5-6).[3]

Da situação deplorável do povo passa-se à desolação da terra e das cidades que foram alvo de ataques de estrangeiros. Tudo se tornou ruína! Nova imagem surge, personificando a cidade de Jerusalém, denominada de "filha de Sião", também reduzida à condição de uma cidade sitiada por inimigos que a devastam impiedosamente (vv. 7-8).

Apesar disso, um resto sobreviveu graças à bondade do Senhor. Quem fala o faz na primeira pessoa do plural, deduzindo, em nome de todos, que a destruição não foi total, como ocorreu com

---

[2]   Existe a possibilidade de aplicação de Is 1,3; Hab 3,2 e Ex 25,18-20 ao relato do nascimento de Jesus Cristo, no relato de Lc 2,7 (RATZINGER, 2012, p. 60-62).

[3]   É possível aplicar a Jesus o que afirma Is 1,5-6 em perspectiva salvífica, pois assumiu sobre si a dinâmica do Servo Sofredor (FERNANDES, 2014, p. 23-55).

Sodoma e Gomorra. No livro do Gênesis, a intercessão de Abraão foi ouvida e apenas seu sobrinho Ló, com a família, foi tirado com vida do local antes da destruição (cf. Gn 13,10.13; 18,16–19,29). Tal lembrança serviu de base para a nova queixa do Senhor contra seu povo e suas lideranças. A palavra dirigida, de forma metafórica, aos céus e à terra (v. 2) foi depois dirigida a destinatários identificados: líderes e povo. Abre-se um novo oráculo que se liga ao precedente (v. 10).

A nova queixa toca o âmago da relação com o Senhor: o culto. Assim como o povo desprezou o Senhor, seu culto é desprezado pelo Senhor. O tom é de quem está muito irritado e não se deixa aplacar por práticas religiosas, porque estas não refletem um comportamento justo. Tudo vem resumido numa frase: "as vossas mãos estão repletas de sangue" (vv. 11-15).

Não obstante isso, o Senhor deixa um caminho aberto para reatar as relações com o povo através da conversão que se verifica pela sequência de nove imperativos. Os dois primeiros – "lavai--vos, purificai-vos" – estão intimamente ligados ao culto indevido e às mãos cheias de sangue, imagem não apenas do sangue das vítimas sacrificadas, mas, principalmente, das injustiças praticadas: "tirai o mal de vossas práticas de diante dos meus olhos".

Os outros sete verbos da sequência no imperativo são indicadores de gestos de justiça: cessar de praticar o mal, aprender a praticar o bem. Essa mudança é identificada de forma clara na continuação da sequência das ações: buscar o direito; corrigir o opressor; fazer justiça ao órfão; defender a causa da viúva. Órfão e viúva, juntamente com o estrangeiro, compõem a tríade dos menos favorecidos que gozam de uma atenção particular do Senhor. São pessoas protegidas por lei (cf. Ex 22,21-22; Dt 10,18; 14,29; 27,19), porque são economicamente dependentes. Por eles os profetas levantaram a voz (cf. Jr 7,6; 22,3). São atitudes concretas e capazes de predispor os acusados para uma nova tratativa com o Senhor (vv. 16-17).

A mudança de vida proposta pelo Senhor, para os acusados de tantas maldades, atinge um patamar de grande transformação acima de qualquer expectativa cultual: o perdão dos pecados. Isso, porém, aparece na condicional. De um lado o Senhor promete a salvação, mas esta fica condicionada à obediência da palavra anunciada. Do contrário, a consequência será a morte pela espada, o que indica um castigo certo e irrevogável (vv. 18-20). A última sentença – "o Senhor falou!" (v. 20) – faz moldura com o início do oráculo – "o Senhor está falando" (v. 2).

4.3. O Senhor é como um pai que educa seu filho

A conclusão que se percebe em Is 1,2-20 é que Deus, sem deixar de ser indulgente, reclama, como um pai pedagogo, a falta de juízo do seu povo, que não quis aprender as lições que preservam a vida e fazem viver (cf. Jr 2,30; 5,3; 7,27; 17,23; 32,33; 35,15). O profeta, em primeiro lugar, encarna o papel do discípulo que fez da verdade o objeto do seu aprendizado e que se esforçou por transmiti-la, a fim de que, no reconhecimento das próprias culpas, o povo se abrisse para a correção de Deus. A figura do Servo Sofredor de Is 50,4-11 serve de exemplo, pois é apresentada como um discípulo maduro, capaz de ouvir e transmitir o que aprendeu da revelação do Senhor. Na obediência ao Senhor está sua força diante de todas as circunstâncias de dor e de sofrimento. O juízo sobre a história e seus acontecimentos acontece, sem equívoco, na verdade dita e acolhida como instrução e norma de vida.

A *paideia* é o cuidado de quem conduz, com disciplina, o discípulo ou o filho pelas mãos (cf. Sl 119,66). É o método que se encontra em Deus e no seu agir para formar e fazer crescer o ser humano como filho amado: adverte quando se desvia do bem, da justiça e da verdade; corrige quando transgride esses bens; conduz à sabedoria quando se é temente a Deus e se observa a sua Lei, presente nesses bens (cf. Pr 3,11; 6,23; 10,17; 15,33; 16,22; Sb 6,17). Assim, o cotidiano da existência é como um ginásio, no qual cada ser humano, tendo Deus como seu treinador pessoal, é preparado para a vida civil e religiosa de forma moral, isto é, condizente com a vontade de Deus.

Deixando-se formar e plasmar pela Palavra de Deus, o ser humano passa a predispor todo o seu ser para viver na justiça e na paz. Fruto precioso da *paideia* divina é a Sabedoria, qual encarnação da misericórdia de Deus nas palavras e ações de seus filhos e filhas. Nisso está a relação e o paralelismo entre teologia e antropologia da misericórdia. Em Jesus Cristo, Verbo encarnado, está a plenitude de ambas. Acolher seu ensinamento e assumir seu modo de viver, praticando seu ensinamento através das obras, torna o discípulo igual ao mestre.

5. Do Antigo ao Novo Testamento

Como percebido, o Antigo Testamento revela e expressa a misericórdia de Deus através de diversas circunstâncias da vida do antigo Israel, nas quais sua presença e sua ação são descritas por vários termos. A Lei, os Profetas e os Escritos (TaNaK) encerram não apenas ensinamentos, mas uma promessa de transformação da realidade. Cultiva-se a esperança de que os futuros feitos salvíficos de Deus não seriam apenas maiores e melhores, mas plenos e grávidos de transformação do ser humano.

Nessa ótica, o Novo Testamento é, por um lado, herdeiro das promessas do Antigo Testamento, mas, por outro lado, centralizou a revelação da misericórdia de Deus no mistério da encarnação, vida e obra do Verbo Divino: Jesus de Nazaré, o Cristo e Filho de Deus (cf. Mc 1,1). É nele que se concentra a força da misericórdia e da justiça divina e, por ele, se alcança a compreensão do seu significado: Jesus Cristo é a personificação da misericórdia de Deus Pai enquanto cumpridor de toda a justiça feita tanto na vertical como na horizontal, isto é, para com Deus e para com o ser humano. "Jesus Cristo é o rosto da misericórdia do Pai" (*Misericordiae Vultus*, n. 1).

Da encarnação do Verbo Divino ao dom do Espírito Santo para a sua Igreja, no dia de Pentecostes, a misericórdia é a linguagem mais eloquente de Deus ao ser humano em Jesus Cristo. Movido pela presença e pela força dinâmica do Espírito Santo, Jesus Cristo assumiu e deixou bem claro qual era o seu projeto messiânico (Lc 4,18-19):[1]

---

[1]   O texto hebraico de Is 61,1-2 possui diferenças em relação ao texto da LXX, que foi seguido por Lucas: "O Espírito do Senhor está sobre mim, porque o Senhor

[18]"O Espírito do Senhor está sobre mim, porque me ungiu,
para levar a boa notícia aos humildes,
[para enfaixar os de coração quebrantados];
enviou-me para anunciar a libertação aos presos
e dar aos cegos a visão [cf. Is 42,18-20; 43,8],
para pôr em liberdade os oprimidos
[19]e para pregar um ano da graça do Senhor".

Esse projeto messiânico, manifestado pelo ministério público no anúncio do Reino de Deus, e plenamente realizado no mistério da Paixão, morte e ressurreição de Jesus Cristo, foi compreendido em chave sacerdotal, razão pela qual Hb 4,15-16 põe em evidência a sua obra salvífica realizada como sumo sacerdote que sabe se comiserar das fraquezas humanas:

[14]Visto que temos um exímio sumo sacerdote que atravessou os céus, Jesus, o Filho de Deus, aferremo-nos na profissão de fé. [15]Não temos, pois, um sumo sacerdote que não seja capaz de se compadecer das nossas enfermidades, pois, como nós, foi provado em tudo, menos no pecado. [16]Acheguemo-nos com confiança do trono da graça para obtermos misericórdia e encontrarmos graça para uma ajuda oportuna.

O sumo sacerdócio de Jesus Cristo é um incentivo à perseverança no discipulado. Diferentemente do culto antigo, Jesus Cristo não atravessou o Santo dos Santos no dia anual das expiações com o sangue de animais sacrificados, mas o fez pela sua morte expiatória e, sendo ele próprio o Santo dos Santos, atravessou os céus com o seu próprio sangue ofertado em sacrifício expiatório pelo pecado. Por sua misericórdia infinita se compadece de todo

---

me ungiu, para levar a boa notícia aos humildes, para enfaixar os quebrantados de coração, para proclamar libertação aos cativos e para os presos a soltura; para proclamar um ano favorável do Senhor e um dia de vingança do nosso Deus, para consolar todos os aflitos".

ser humano enfermo, e isso foi feito por experiência própria. Se por um lado a graça oportuna evoca as fraquezas humanas, às quais os discípulos continuam expostos, por outro lado evoca a força que advém da certeza de que Jesus Cristo jamais sucumbiu às tentações. Pelo mistério pascal de Jesus Cristo o trono de Deus juiz tornou-se o trono da graça do seu reinado em cada discípulo.[2]

Assim, o tema da misericórdia, no Novo Testamento, expressa que Deus se dirigiu ao ser humano com amor justificador: Jesus Cristo, a revelação radical do Pai, "rico em misericórdia" (Ef 2,4). Em Jesus Cristo o Pai não apenas continua versando a sua misericórdia no mundo, mas a enraíza e, por ela, desencadeia uma atenção particular pelos pequenos, pobres, sofredores e excluídos. Dois textos, em particular, confirmam isso: Lc 4,18-19 e Mt 25,31-46. No primeiro nota-se que a misericórdia constitui o programa básico da vida e da obra messiânica de Jesus Cristo (cf. Lc 7,22-23). No segundo tem-se o célebre exemplo que, enquanto corrobora, insiste na prática das obras de misericórdia corporal que ajudam cada discípulo a se configurar a Jesus Cristo, que, ao mesmo tempo, socorre os mais necessitados e é socorrido nos mais necessitados através da prática do amor misericordioso.

Segundo o Cardeal Walter Kasper, "a solicitude pelos miseráveis e pelos pobres, pelos pequenos e pelos insignificantes de um ponto de vista humano é, deste modo, a quinta-essência da missão messiânica de Jesus" (KASPER, 2015, p. 86). E sobre isso faz uma síntese (p. 88):

Jesus não se limita a anunciar a mensagem da misericórdia do Pai – também a vive. Vive o que anuncia. Toma a seu cargo os enfermos e os atormentados por espíritos maus. E pode afirmar acerca de si próprio: "Sou manso e humilde de coração" (Mt 11,29). Compadece-se (*splanchnistbeís*) quando se encontra com um leproso

---

[2] A exaltação do reino de Jesus Cristo é um tema da Carta aos Hebreus pelo uso que fez do Sl 110 (FERNANDES, 2015, p. 270-288).

(cf. Mc 1,41) ou quando vê o sofrimento de uma mãe que perdeu o seu único filho (cf. Lc 7,13). Sente compaixão pelos numerosos enfermos (cf. Mt 14,14), pelo povo que tem fome (cf. Mt 15,32), pelos cegos que lhe suplicam que tenha piedade deles (cf. Mt 20,34), pelas pessoas que são como ovelhas sem pastor (cf. Mc 6,34). Junto ao túmulo do seu amigo Lázaro, emociona-se e chora (cf. Jo 11,35-38). No grande discurso sobre o juízo, identifica-se com os pobres, os famintos, os miseráveis e perseguidos (cf. Mt 25,31-46). Assim, uma e outra vez saem pessoas ao seu encontro gritando: "Tem misericórdia de mim" ou "tem misericórdia de nós" (Mt 9,27; Mc 10,47s, etc.). Na cruz ainda tem tempo de perdoar ao bom ladrão e de orar por aqueles que o crucificaram (cf. Lc 23,34.43).

Em Jesus Cristo se contempla o rosto misericordioso do Pai: "Quem me vê, vê o Pai" (Jo 14,9), porque "eu e o Pai somos um" (Jo 10,30). Jesus Cristo espera que tal identificação também ocorra em seus discípulos: "Isto vos mando: que vos ameis uns aos outros" (Jo 15,17), para "que sejam um" como ele e o Pai são um (Jo 17,22). O caminho dessa configuração acontece na adesão à sua pessoa e ao seu ensinamento, pondo-o em prática. Assim, a contemplação do mistério da misericórdia acontece na prática da misericórdia a exemplo de Jesus Cristo. É o critério que identifica quem são os verdadeiros discípulos e arautos da misericórdia.

LEITURAS ORANTES

1. Sobre o método da Leitura Orante

A Leitura Orante da Bíblia[1] requer, acima de tudo, atenção à Palavra de Deus com respeito pelo que é e pelo que representa para a humanidade. Essa leitura segue, basicamente, quatro passos: a) leitura; b) meditação; c) oração; d) contemplação; mas se deveria acrescentar um quinto ponto: e) ação. Para os que se interessam, aconselha-se que se determine o tempo disponível para se fazer a Leitura Orante e que se escolha um local aprazível e silencioso. A postura interna de acolhimento da Palavra de Deus e o ambiente acolhedor, unidos, favorecem a experiência do encontro e da mística que anima a Leitura Orante em cada um dos seus passos.

a) Leitura: neste primeiro passo procede-se à leitura do texto. Por detrás dele encontra-se a mensagem que Deus, autor divino, quis comunicar através do autor humano. Preste atenção ao sentido das palavras e procure entender o contexto histórico, geográfico, cultural e religioso presente no texto. Essas são as condições originais nas quais o texto foi escrito, por elas chega-se ao sentido original, desejado pelo autor humano.

b) Meditação: neste segundo passo busca-se, pela reflexão, alcançar o objetivo primário do texto, transcendendo as suas limitações de tempo e de espaço, pois o objetivo é conhecer o que o texto está dizendo e não o que cada um é capaz de dizer sobre o texto. A relevância do texto exige que se esteja de acordo com o significado original, visto no primeiro passo. Não só as provocações do texto devem ser percebidas, mas também em que sentido

---

[1]   Texto retomado de FERNANDES, 2015, p. 27-29, e está baseado em James SWETNAM, S.J., *La "Lectio Divina"*, disponível em: < http://www. biblico.it/doc-vari/swetnam_lec_div.html > .

elas, pelo seu aspecto religioso, vêm ao encontro dos interrogativos e anseios do ouvinte-leitor.

c) Oração: neste terceiro passo a descoberta dos interrogativos e dos anseios humanos é externada com palavras dirigidas a Deus. É uma reação do coração e da razão interpelados pelo significado primário do texto. A oração é a elevação da alma para Deus sob a forma de súplica, de louvor, de gratidão, de ação de graças etc. É uma resposta às provocações que foram percebidas nas palavras do texto. O Espírito Santo, que inspirou cada palavra do texto, move e inspira as palavras da oração.

d) Contemplação: neste quarto passo as palavras já não fluem nos lábios. A adoração do silêncio diante de Deus toma conta e sente-se como a comunicação se estabelece na mente e no coração. A vida é tomada de luz que ilumina os sentimentos, os afetos, os pensamentos e os desejos passam a ser formulados numa profunda sintonia entre o "eu" de quem reza com o "tu" de Deus, a quem se reza. A contemplação permite que haja um autêntico encontro consigo mesmo, permitindo que se veja, com clareza, o que se é e o que se quer ser, avaliando se o bem, a justiça e a verdade são as virtudes orientadoras das opções de vida. Pela contemplação, cada pessoa confronta-se com Jesus Cristo, pois ele é que foi estabelecido como Mediador entre Deus e os seres humanos. Acontece, pela contemplação, a alegria de se compreender a leitura feita do texto na própria vida, pois se descobre o amor de Deus presente e agindo na sua Palavra como um bálsamo derramado.

e) Ação: neste quinto passo o que resulta dos passos anteriores aparece em forma de ação interna e externa, isto é, em forma de compromisso para consigo e para com os demais.

A ação interna compara-se ao deleite que se adquire pelas coisas de Deus. É a percepção da paz interior invadindo, consolando, fazendo intuir a opção certa a ser feita e dando a coragem de colocar em prática a fé, o perdão, a obediência, a solidariedade e a castidade; animado sempre pela caridade fraterna. Percebe-se que, apesar de se viver em uma atmosfera alheia, marcada por tantas seduções e injustiças, sabe-se que se fez a escolha certa e justa, mesmo e principalmente se as escolhas feitas são radicais, porque renunciá-las significa perder a alegria do encontro com Deus em sua Palavra. Desse encontro brota o discernimento, que é o contato com o Verbo Encarnado, verdade eterna do Pai revelada. Sente-se que o coração fica inebriado pela opção por seguir Jesus Cristo no mundo e em sua Igreja, inserindo-se na dinâmica que anima cada membro e faz com que a comunidade receba atenção e auxílio através de ações concretas manifestas pelas diferentes formas de vocação.

Neste ponto a ação externa consiste em colocar em prática cada fruto obtido em cada passo. A força que se recebe serve para responder com coragem à Palavra de Deus e cooperar na conformação da própria identidade e missão com o Ser e o Agir de Deus. Se o comportamento começa a ver sinais de mudanças, é porque o conhecimento, que deriva de cada Leitura Orante, passa a ser traduzido em consequências e tomadas de atitudes pessoais e sociais, manifestando o envolvimento com Jesus Cristo e com a sua Igreja em uma plena inserção no mundo. No final de cada Leitura Orante, o amor a Deus, sobre todas as coisas, passa pelo amor ao próximo como a si mesmo.

O objetivo da Leitura Orante não é a interpretação dos textos bíblicos, mas interpretar a vida pelos textos bíblicos. Quando se permite iluminar a vida com os textos bíblicos, permite-se que Deus, livremente, fale e atualize, encarnando, a sua Palavra Eterna na vida de cada crente. Pela Leitura Orante, cada fiel se predispõe, assim, a ser não apenas um ouvinte distraído, mas um praticante da Palavra, tornando-se feliz em tudo aquilo que faz (cf. Tg 1,22-25). Já existem diversos subsídios sobre a Leitura Orante, para os interessados no passo a passo do método, com diversos exemplos (CNBB, 2014).

2. Lc 6,36-38:
"Sede misericordiosos como o Pai"

Breve introdução

"A mentalidade contemporânea, talvez mais do que a do homem do passado, parece opor-se ao Deus de misericórdia e, além disso, tende a separar da vida e a tirar do coração humano a própria ideia da misericórdia. A palavra e o conceito de misericórdia parecem causar mal-estar ao homem, o qual, graças ao enorme desenvolvimento da ciência e da técnica, nunca antes verificado na história, se tornou senhor da terra, a subjugou e a dominou. Tal domínio sobre a terra, entendido por vezes unilateral e superficialmente, parece não deixar espaço para a misericórdia." (*Dives in Misericordia*, n. 2)

1º Passo

Leitura do Evangelho de Jesus Cristo segundo Lucas 6,36-38

[36]Sede misericordiosos como o vosso Pai é misericordioso. [37]Não julgueis, e não sereis julgados; não condeneis e não sereis condenados; perdoai e sereis perdoados. [38]Dai, e vos será dado; uma boa medida, acalcanhada, sacudida, transbordante, será derramada no vosso regaço, pois com a medida com que medis também sereis medidos.

O que o texto diz?

A ordem de Jesus Cristo parece ser uma clara referência a Lv 19,2. Nesse versículo, Deus, através de Moisés, havia dado a seguinte ordem ao povo: "Sede santos, porque eu, o Senhor vosso

Deus, sou Santo".[2] Se por um lado a santidade de Deus é uma realidade própria e compatível somente com a sua natureza divina, por outro lado Deus não exigiu do ser humano um modo de viver acima da sua própria natureza e de suas capacidades, do contrário seria uma injustiça. Por isso Deus disse: "porque eu, o Senhor vosso Deus, sou Santo" e não "como eu sou santo". Assim, a santidade que é própria de Deus torna-se, por sua vontade, apropriada para o ser humano, criado à sua imagem e semelhança (cf. Gn 1,26-27).

No ensinamento de Jesus Cristo está um modo para os discípulos concretizarem a santidade na sua vida, pois disse: "Sede misericordiosos como o vosso Pai é misericordioso".[3] Além disso, evidenciam-se outros dois importantes aspectos: Deus é Pai e é misericordioso com seus filhos e filhas. Deus é rico em misericórdia. Está sempre disposto a tratar seus filhos e filhas com misericórdia. O uso da misericórdia é uma linguagem acessível a todas as pessoas, em particular para quem sofre, porque é a linguagem própria do amor. Por meio dela Deus se comunica e revela o seu imenso amor. Jesus Cristo é a encarnação e a plena manifestação da misericórdia de Deus por toda a humanidade.

Em um mundo marcado por tantos desequilíbrios e violências, a proclamação da misericórdia é um bálsamo na medida em que se concretiza através das obras de misericórdia corporal e espiritual. A mensagem de misericórdia, contida nos ensinamentos

---

[2] A expressão "porque eu sou Santo" ainda ocorre em Lv 11,44.45; 20,26; 21,8 e no Sl 99,9.

[3] Em Mt 5,48, o ensinamento de Jesus a respeito de Lv 19,2 foi feito no contexto do Sermão da Montanha e se refere não apenas ao mandamento de amar os inimigos, mas serve de conclusão para todas as antíteses (cf. Mt 5,33-37.38-42.43-48), razão pela qual recebeu outra conotação: "Sede perfeitos como o vosso Pai dos céus é perfeito". A ordem de ser "perfeito" deve ser vista no sentido de o discípulo de Jesus Cristo ter de caminhar num modo íntegro e de que suas ações sejam irrepreensíveis e completas, isto é, de acordo com a interpretação que o próprio Jesus Cristo fez não só da Lei, mas do próprio Deus, que é Uno (cf. Dt 6,4), ao dizer "vosso Pai dos céus". É uma ordem para imitar Deus, que é amor indiviso, e realizar o que está na origem do ser humano (cf. Gn 1,26-27): foi feito à imagem e semelhança de Deus (GNILKA, 1990, p. 295-296).

de Jesus Cristo, permite experimentar Deus próximo de cada ser humano, em particular quando sofre as ameaças que atentam contra sua vida e dignidade.

Do anúncio da misericórdia Jesus Cristo passa para atitudes que a concretizam. A primeira delas é: "Não julgueis e não sereis julgados". A primeira falta de misericórdia não ocorre no exterior do ser humano, mas no seu íntimo e, em particular, quando julga o seu semelhante. Jesus Cristo ensina o uso do critério que deriva do desejo de ser misericordioso como o Pai é misericordioso. Geralmente, no juízo que se faz das pessoas, a misericórdia não é a primeira atitude a ser tomada no confronto de quem se demonstra devedor.

Nota-se isso, exatamente, na continuação do ensinamento de Jesus Cristo sobre o julgamento: "Não condeneis e não sereis condenados". Jesus Cristo quer propor um novo modelo de vida social: em vez de condenar é preciso perdoar. Essa lição, Jesus Cristo, em primeiro lugar, colocou em prática; basta lembrar o que ele disse diante dos que o condenaram à morte: "Pai, perdoai-lhes, pois não sabem o que fazem!".

De fato, este é o sentido profundo do ensinamento de Jesus Cristo: "Perdoai e sereis perdoados". É como ele ensinou no Pai-Nosso: "Perdoa-nos as nossas dívidas como nós também perdoamos aos nossos devedores". Que força transformadora tem esse ensinamento, pois orienta a prática da justiça no caminho da superação da lei de talião, isto é, do olho por olho, dente por dente, ferida por ferida (cf. Ex 21,24; Mt 5,38). A estrada sobre a qual os discípulos devem andar tem um nome: misericórdia.

A misericórdia em ação desautoriza a retribuição pelos males recebidos e, no seu lugar, assume a via da doação não apenas de bens materiais, mas do perdão, que enfraquece todo desejo de vingança. O mal se vence com o bem! (cf. Rm 12,21). A violência, pelo contrário, produz apenas um ciclo interminável de dores, sofrimentos e mortes. Jesus Cristo ensina que a misericórdia praticada é o melhor caminho para dar e alcançar a retribuição que está acima de qualquer medida desejada, pois Deus não se deixa vencer em generosidade na vida de quem faz da generosidade o seu modo de viver.

O final da fala de Jesus Cristo retoma o início numa forma inversa: cada um será medido com a mesma medida que estiver tratando o próximo. O princípio geral não é difícil de ser reconhecido: fazer ao outro aquilo que se quer que seja feito a si mesmo (cf. Mt 7,12). Esta é a regra de ouro das relações entre as pessoas.

"Baseando-se neste modo de manifestar a presença de Deus, que é Pai, amor e misericórdia, Jesus faz da mesma misericórdia um dos principais *temas da sua pregação*. [...] O Evangelista que trata de modo particular estes temas do ensino de Cristo é S. Lucas, cujo Evangelho mereceu ser chamado 'o Evangelho da misericórdia'" (*Dives in Misericordia*, n. 3).

2º Passo

A meditação ajuda a perceber e aprofundar o que o texto diz (Sl 136)

Aleluia! [1]Louvai o Senhor, porque ele é bom, porque eterna é a sua misericórdia!

[2]Louvai o Deus dos deuses, porque eterna é a sua misericórdia!

[3]Louvai o Senhor dos senhores, porque eterna é a sua misericórdia!

[4]Apenas ele fez maravilhas, porque eterna é a sua misericórdia!

[5]Ele fez os céus com inteligência, porque eterna é a sua misericórdia!

[6]Ele firmou a terra sobre as águas, porque eterna é a sua misericórdia!

[7]Ele fez os grandes luzeiros: porque eterna é a sua misericórdia!

[8]O sol para governar o dia, porque eterna é a sua misericórdia!

[9]A lua e as estrelas para governarem a noite, porque eterna é a sua misericórdia!

[10]Ele feriu o Egito em seus primogênitos, porque eterna é a sua misericórdia!

[11]E fez sair Israel do meio deles, porque eterna é a sua misericórdia!

[12]Com mão forte e braço estendido, porque eterna é a sua misericórdia!

[13]Ele dividiu o mar dos Juncos em partes, porque eterna é a sua misericórdia!

[14]E por entre elas fez passar Israel, porque eterna é a sua misericórdia!

[15]Nele, porém, lançou Faraó e seu exército, porque eterna é a sua misericórdia!

[16]Ele guiou o seu povo no deserto, porque eterna é a sua misericórdia!

[17]Ele feriu reis famosos, porque eterna é a sua misericórdia!

[18]Ele matou reis poderosos, porque eterna é a sua misericórdia!

[19]Seon, rei dos amorreus, porque eterna é a sua misericórdia!

[20]E Og, rei de Basã, porque eterna é a sua misericórdia!

[21]Ele deu a terra deles como herança, porque eterna é a sua misericórdia!

[22]Como herança ao seu servo, Israel, porque eterna é a sua misericórdia!

[23]Na nossa humilhação lembrou-se de nós, porque eterna é a sua misericórdia!

[24]Ele nos libertou dos nossos opressores, porque eterna é a sua misericórdia!

[25]Ele dá o pão a toda carne, porque eterna é a sua misericórdia!

[26]Louvai o Deus dos céus, porque eterna é a sua misericórdia!

3º Passo

O que o texto faz dizer a Deus em oração (Papa Francisco, Jubileu da Misericórdia)

Senhor Jesus Cristo, vós que nos ensinastes a ser misericordiosos como o Pai celeste, e nos dissestes que, quem vos vê, vê a ele. Mostrai-nos o vosso rosto e seremos salvos.

O vosso olhar amoroso libertou Zaqueu e Mateus da escravidão do dinheiro; a adúltera e Madalena de colocar a felicidade apenas numa criatura; fez Pedro chorar depois da traição, e assegurou o Paraíso ao ladrão arrependido.

Fazei que cada um de nós considere como dirigida a si mesmo as palavras que dissestes à mulher samaritana: Se tu conhecesses o dom de Deus!

Vós sois o rosto visível do Pai invisível, do Deus que manifesta sua onipotência sobretudo com o perdão e a misericórdia. Fazei que a Igreja seja no mundo o rosto visível de vós, seu Senhor, ressuscitado e na glória.

Vós quisestes que os vossos ministros fossem também eles revestidos de fraqueza para sentirem justa compaixão por aqueles que estão na ignorância e no erro. Fazei que todos os que se aproximarem de cada um deles se sintam esperados, amados e perdoados por Deus.

Enviai o vosso Espírito e consagrai-nos a todos com a sua unção para que o Jubileu da Misericórdia seja um ano de graça do Senhor e a vossa Igreja possa, com renovado entusiasmo, levar aos pobres a alegre mensagem, proclamar aos cativos e oprimidos a libertação e aos cegos restaurar a vista.

Nós vo-lo pedimos por intercessão de Maria, Mãe de Misericórdia, a vós que viveis e reinais com o Pai e o Espírito Santo, pelos séculos dos séculos. Amém!

4º Passo

Na contemplação-ação o texto faz formular um compromisso de vida

"Jesus Cristo ensinou que o homem não só recebe e experimenta a misericórdia de Deus, mas é também chamado a 'ter misericórdia' para com os demais. 'Bem-aventurados os misericordiosos, porque alcançarão misericórdia.' A Igreja vê nestas palavras um apelo à ação e esforça-se por praticar a misericórdia" (*Dives in Misericordia*, n. 14). Tenho me empenhado na prática da misericórdia?

"Se todas as bem-aventuranças do Sermão da Montanha indicam o caminho da conversão e da mudança de vida, a que se refere aos misericordiosos é particularmente eloquente a tal respeito. O homem alcança o amor misericordioso de Deus e a sua misericórdia, na medida em que ele próprio se transforma interiormente, segundo o espírito de amor para com o próximo" (*Dives in Misericordia*, n. 14). Como tenho buscado e vivido a misericórdia de Deus na minha vida como caminho de conversão?

"O caminho que Cristo nos indicou no Sermão da Montanha, com a bem-aventurança dos misericordiosos, é muito mais rico do que aquilo que, por vezes, podemos advertir nos habituais juízos humanos sobre o tema da misericórdia. Tais juízos apresentam ordinariamente a misericórdia como ato ou processo unilateral, que pressupõe e mantém as distâncias entre aquele que pratica a misericórdia e aquele que dela é objeto, entre aquele que faz o bem e o que o recebe. Daqui nasce a pretensão de libertar da misericórdia as relações humanas e sociais e de baseá-las somente na justiça" (*Dives in Misericordia*, n. 14). Faço da misericórdia o principal critério de juízo da minha vida e do amor ao próximo?

"Tais juízos sobre a misericórdia não têm em conta o vínculo fundamental que existe entre a misericórdia e a justiça, de que fala toda a tradição bíblica e, sobretudo, a atividade messiânica de Jesus Cristo. A *misericórdia autêntica é, por assim dizer, a fonte mais profunda da justiça*. Se esta é, em si mesma, apta para 'servir de árbitro' entre os homens na recíproca repartição justa dos bens materiais, o amor, pelo contrário, e somente o amor (e portanto também o amor benevolente que chamamos 'misericórdia'), é capaz de restituir o homem a si próprio" (*Dives in Misericordia*, n.

14). Como tenho procurado o bem da minha vida e do meu próximo? Como tenho promovido a justiça no meu cotidiano?

"O mundo dos homens só poderá tornar-se 'cada vez mais humano' quando introduzirmos em todas as relações recíprocas, que formam a sua fisionomia moral, o momento do perdão, tão essencial no Evangelho. O perdão atesta que no mundo está presente *o amor mais forte que o pecado*. O perdão, além disso, é a condição fundamental da reconciliação, não só nas relações de Deus com o homem, mas também nas relações recíprocas dos homens entre si" (*Dives in Misericordia*, n. 14). Tenho perdoado o meu semelhante quando me ofende? Busco a paz e a reconciliação em minha família?

"Um mundo do qual se eliminasse o perdão seria apenas um mundo de justiça fria e desrespeitosa, em nome da qual cada um reivindicaria os próprios direitos em relação aos demais. Deste modo, as várias espécies de egoísmo, latentes no homem, poderiam transformar a vida e a convivência humana num sistema de opressão dos mais fracos pelos mais fortes, ou até numa arena de luta permanente de uns contra os outros" (*Dives in Misericordia*, n. 14). Como tenho exercitado o perdão para afastar os conflitos e a violência da minha vida? Como tenho levado o perdão para o mundo?

"Em todas as fases da história, mas especialmente na época atual a Igreja deve considerar como um dos seus principais deveres *proclamar e introduzir na vida* o mistério da misericórdia, revelado no mais alto grau em Jesus Cristo. Este mistério, não só para a própria Igreja como comunidade dos fiéis, mas também, em certo sentido, para todos os homens, é fonte de vida diferente daquela que é capaz de construir o homem, exposto às forças prepotentes da tríplice concupiscência que nele operam" (*Dives in Misericordia*, n. 14). Tenho me empenhado na promoção da vida pela prática da misericórdia?

"É em nome deste mistério, precisamente, que Cristo nos ensina a perdoar sempre. Quantas vezes repetimos as palavras da oração que ele próprio nos ensinou, pedindo: 'Perdoai-nos as nossas ofensas, *assim como nós perdoamos* a quem nos tem ofendido', isto é, aos que são culpados em relação a nós! É realmente difícil expressar o valor profundo da atitude que tais palavras designam e inculcam. Quantas coisas dizem a cada homem acerca do seu semelhante e também acerca de si próprio!" (*Dives in Misericordia*, n. 14). Como tenho rezado e vivido a oração do Pai-Nosso?

"Despreocupado de todos, reduzido a meus próprios interesses, impermeável aos problemas dos outros, alheio aos sofrimentos das pessoas, encerro-me em meu pequeno bem-estar. Para quê? Para encontrar minha felicidade?" (PAGOLA, 2012, p. 113).

3. Mt 6,7-15: "Orai desta maneira!"

Breve introdução

A oração que Jesus Cristo ensinou aos seus discípulos e que ficou conhecida pelas duas primeiras palavras, "Pai nosso", encontra-se no bloco intitulado Sermão da Montanha (Mt 5,1–7,29).[1] Nesse bloco, o evangelista Mateus reuniu e organizou, em forma de antíteses, alguns dos ensinamentos de Jesus Cristo sobre diversas situações e circunstâncias, que, tomados a sério, ajudam os discípulos a trilhar o caminho das virtudes, pelas quais as dificuldades podem ser enfrentadas e superadas. A conclusão dos que ouviram esse sermão foi uma grata constatação: Jesus Cristo ensinava com autoridade e não como os escribas e mestres da Lei.

1º Passo

Leitura do Evangelho de Jesus Cristo segundo Mateus 6,7-15

[7]Ao fazer orações não useis de vãs repetições, como os gentios, porque creem que é graças às muitas palavras que serão ouvidos. [8]Não sejais a eles parecidos, porque o vosso Pai sabe do que tendes necessidade antes de que o peçais. [9]Orai, pois, deste modo: Pai nosso que estás nos céus, que teu nome seja santificado, [10]que teu reino venha, que tua vontade seja feita na terra, como nos céus. [11]Dá-nos hoje o pão nosso cotidiano. [12]E perdoa-nos as nossas dívidas como nós também perdoamos aos nossos devedores.

---

[1] A oração do Pai-Nosso também existe na versão segundo Lucas com pequenas diferenças (Lc 11,2-4).

[13]E não nos exponhas à tentação, mas livra-nos do Maligno. [14]Pois, se perdoardes aos homens os seus delitos, vosso Pai celeste também vos perdoará; [15]porém, se não perdoardes aos homens, tampouco o vosso Pai perdoará os vossos delitos.

O que o texto diz?

Jesus Cristo revela, de forma enfática, que as orações não devem conter palavreado vazio e repetitivo, pois a verdadeira oração não é feita de muitas palavras. Por um lado, a razão disso é a falta de conhecimento de Deus e do seu amor; por outro lado, é fruto do conhecimento que Jesus Cristo tem de Deus e quer transmitir aos seus discípulos. Quem deseja ser ouvido por Deus deve aprender a ouvir Deus que fala, e o que ele fala.

Jesus Cristo revela que o Pai conhece todas as necessidades humanas antes mesmo que elas sejam apresentadas a ele nas orações. A oração que Jesus Cristo ensinou aos seus discípulos advinha da tradição religiosa do seu povo, mas continha, em particular, o modo como ele mesmo se dirigia ao Pai nas suas próprias orações.

Ao dizer, *"Pai nosso"*, Jesus Cristo ensinou que os seus discípulos devem se dirigir a Deus como Pai e como "chefe de família". A ele cabe zelar pelo bem de todos. Ao lado disso, porém, é preciso reconhecer que todos os que se dirigem a Deus como "Pai nosso" estão se reconhecendo como filhos e filhas, isto é, como membros de uma mesma família.

Ao dizer que Deus está *"nos céus"*, Jesus Cristo ensinou que tudo o que acontece na terra é visto do alto pelo Pai, isto é, com maior clareza e conhecimento de causa. Não significa dizer que Deus está distante ou que habita um lugar inacessível ao ser humano, mas que ele pode intervir de forma correta e no tempo certo por conhecer tudo o que se passa na terra com seus filhos e filhas.

Ao dizer *"que teu nome seja santificado"*, Jesus Cristo ensinou que a primeira ação dos filhos e filhas de Deus não é a de começar pedindo algo, mas reconhecendo quem é Deus. Santificar o nome de Deus é honrá-lo com fé, com esperança, mas, acima de tudo, com amor. O nome de Deus é Senhor, mas na oração é invocado como Pai que exerce seu senhorio como responsável pelo bem-estar de todos os seus filhos e filhas.

Ao dizer "*que teu reino venha*", Jesus Cristo ensinou que Deus Pai tem um projeto de vida para toda a sua família. O reino de Deus não é esbanjamento de comida e bebida, como acontecia no palácio do rei Herodes ou do imperador de Roma, mas é um reino de justiça e de paz, porque todos buscam se comportar como irmãos, isto é, atentos às necessidades uns dos outros.

Ao dizer "*que tua vontade seja feita na terra como nos céus*", Jesus Cristo ensinou que a vontade de Deus deve ter a primazia sobre a vontade humana em todos os lugares. A vontade de Deus é a salvação do ser humano, e esta aconteceu pelo mistério da Paixão, morte e ressurreição de Jesus Cristo. A vontade de Deus foi o alimento de Jesus Cristo, a razão do seu ministério de amor, pois viveu pela vontade de Deus e por ela se entregou.

Ao dizer "*dá-nos hoje o pão nosso cotidiano*", Jesus Cristo apresentou uma petição não apenas sobre a fome de pão, isto é, do alimento que todos os filhos reclamam de um chefe de família, mas estava falando sobre todas as necessidades diárias que precisam ser atendidas para que toda a família viva com dignidade. Assim, Jesus Cristo ensinou que o necessário, e não o supérfluo, é que deve ser pedido pelos filhos e filhas.

Ao dizer "*e perdoa-nos as nossas dívidas, como nós também perdoamos aos nossos devedores*", Jesus Cristo ensinou o modelo de amor que deve acontecer dentro e fora das famílias. O perdão que cada filho e filha pede a Deus ficou condicionado ao perdão que cada um deve aprender a dar aos demais membros da família. Sem o perdão, uma família não consegue superar as amarguras da vida.

Ao dizer, "*e não nos exponhas à tentação, mas livra-nos do Maligno*", Jesus Cristo ensinou que é preciso pedir ao Pai que socorra com a sua graça quando cada filho ou filha estiver diante da tentação que afasta da sua vontade e, principalmente, do que procura desviar a família dos desígnios de Deus. O Maligno não pensa, não quer e não opera as coisas de Deus. Por isso causa tantos males no mundo. É necessário permanecer sempre unido a Deus e ao seu plano de amor para se ficar livre do Maligno.

A última parte inclui uma compreensão na base de causa e efeito ou de ação e reação. A oração é ensinada aos discípulos para ser vivida na dinâmica comunitária. O perdão recebe ênfase e pode ser mais bem compreendido como a força que animou a prática misericordiosa de Jesus Cristo. O perdão foi uma das últimas palavras que pronunciou do alto da cruz. Com isso não apenas fixou o seu ensinamento, mas o sintetizou.

2º Passo

A meditação ajuda a perceber e aprofundar o que o texto diz

"Um dia, em certo lugar, Jesus rezava. Quando terminou, um de seus discípulos pediu-lhe: 'Senhor, ensina-nos a orar, como João ensinou a seus discípulos' (Lc 11,1). É em resposta a este pedido que o Senhor confia a seus discípulos e à sua Igreja a oração cristã fundamental. S. Lucas traz um texto breve (de cinco pedidos); S. Mateus, uma versão mais desenvolvida (de sete pedidos). A tradição litúrgica da Igreja conservou o texto de S. Mateus" (CatIC, n. 2759).[2]

"A Oração dominical é realmente o resumo de todo o Evangelho. [...] Depois de nos ter legado esta fórmula de oração, o Senhor acrescentou: 'Pedi e vos será dado' (Jo 16,24). Cada qual pode, portanto, dirigir ao céu diversas orações conforme as suas necessidades, mas começando sempre pela Oração do Senhor, que permanece a oração fundamental" (CatIC, n. 2761).

"A tradicional expressão 'oração dominical' (ou seja, 'oração do Senhor') significa que a oração ao nosso Pai nos foi ensinada e dada pelo Senhor Jesus. Esta oração que nos vem de Jesus é realmente única: ela é 'do Senhor'. Com efeito, por um lado, median-

---

[2] *CATECISMO DA IGREJA CATÓLICA.* Disponível em: < http://www.vatican.va/archive/cathechism_po/index_new/prima-pagina-cic_po.html >.

te as palavras desta oração, o Filho único nos dá as palavras que o Pai lhe deu (cf. Jo 17,7); ele é o Mestre de nossa oração. Por outro lado, como Verbo encarnado, ele conhece em seu coração de homem as necessidades de seus irmãos e irmãs humanos e no-las revela; é o Modelo de nossa oração" (CatIC, n. 2765).

"Jesus, no entanto, não nos deixa uma fórmula a ser repetida maquinalmente (cf. Mt 6,7; 1Rs 18,26-29). Como vale em relação a toda oração vocal, é pela Palavra de Deus que o Espírito Santo ensina aos filhos de Deus como rezar a seu Pai. Jesus nos dá não só as palavras de nossa oração filial, mas também, ao mesmo tempo, o Espírito pelo qual elas se tornam em nós 'espírito e vida' (Jo 6,63). Mais ainda: a prova e a possibilidade de nossa oração filial consiste no fato de que o Pai 'enviou aos nossos corações o Espírito de seu Filho, que clama: *Abba*, Pai!' (Gl 4,6).

Já que nossa oração interpreta nossos desejos diante de Deus, é ainda 'aquele que perscruta os corações', o Pai, quem 'sabe qual é o desejo do Espírito; pois é segundo Deus que ele intercede pelos santos' (Rm 8,27). A oração a Nosso Pai insere-se na missão misteriosa do Filho e do Espírito" (CatIC, n. 2766).

"No *Batismo* e na *Confirmação*, a entrega da oração do Senhor significa o novo nascimento para a vida divina. Já que a oração cristã consiste em falar a Deus com a própria Palavra de Deus, os que são 'regenerados mediante a Palavra do Deus vivo' (1Pd 1,23) aprendem a invocar seu Pai mediante a única Palavra que ele sempre atende. E já podem invocá-lo desde agora, pois o selo da unção do Espírito Santo foi-lhes gravado, indelevelmente, sobre o coração, os ouvidos, os lábios, sobre todo o seu ser filial. É por isso que a maioria dos comentários patrísticos do Pai-Nosso são dirigidos aos catecúmenos e aos neófitos. Quando a Igreja reza a oração do Senhor, é sempre o povo dos 'renascidos' que reza e obtém misericórdia (cf. 1Pd 2,1-10)" (CatIC, n. 2769).

"Na *liturgia eucarística*, a Oração do Senhor aparece como a oração de toda a Igreja. Nela revela-se seu sentido pleno e sua eficácia. Situada entre a anáfora (oração eucarística) e a liturgia da comunhão, ela recapitula por um lado todos os pedidos e intercessões expressos no movimento da epiclese e, por outro, bate à porta do festim do Reino que a Comunhão sacramental vai antecipar" (CatIC, n. 2770).

"Na Eucaristia, a oração do Senhor manifesta também o caráter escatológico de seus pedidos. É a oração própria dos 'últimos tempos', dos tempos da salvação que começaram com a efusão do Espírito Santo e que terminarão com a volta do Senhor. Os pedidos ao nosso Pai, ao contrário das orações da antiga Aliança, apoiam-se sobre o mistério da salvação já realizada, uma vez por todas, em Cristo crucificado e ressuscitado" (CatIC, n. 2771).

"Desta fé inabalável brota a esperança que anima cada um dos sete pedidos. Estes exprimem os gemidos do tempo presente, este tempo de paciência e de espera durante o qual 'ainda não se manifestou o que nós seremos' (1Jo 3,2). A Eucaristia e o Pai-Nosso apontam para a vinda do Senhor, 'até que ele venha' (1Cor 11,26)" (CatIC, n. 2772).

3º Passo

O que o texto faz dizer a Deus em oração

Pai nosso que estais nos céus, santificado seja o vosso nome; venha a nós o vosso reino; seja feita a vossa vontade, assim na terra como no céu; o pão nosso de cada dia nos dai hoje; perdoai-nos as nossas ofensas, assim como nós perdoamos a quem nos tem ofendido; e não nos deixeis cair em tentação, mas livrai-nos do mal. Porque vosso é o reino, o poder e a glória para sempre. Amém.

4º Passo

Na contemplação-ação o texto faz formular um compromisso de vida[3]

"Entre a oração da Igreja e a de cada um dos fiéis há uma profunda e vital relação, como reafirmou claramente o Concílio Va-

---

[3] Este tópico segue a exortação apostólica do Papa João Paulo II, *Familiaris Consortio*, n. 61.

ticano II." Então, a oração faz parte do meu cotidiano? Com que frequência encontro-me em oração durante o dia?

"Ora uma finalidade importante da oração da Igreja doméstica é a de constituir, para os filhos, a introdução natural à oração litúrgica própria da Igreja inteira, no sentido quer de uma preparação para ela, quer de a alargar ao âmbito da vida pessoal, familiar e social." A oração em família tem sido cultivada na minha vida e na dos meus familiares? Tenho por certo que família que reza unida permanece unida?

"Daqui a necessidade de uma participação progressiva de todos os membros da família cristã na Eucaristia, sobretudo na dominical e festiva, e nos outros sacramentos, em particular nos da iniciação cristã dos filhos. As diretivas conciliares abriram uma nova possibilidade à família cristã, que foi incluída entre os grupos aos quais se recomenda a celebração comunitária do Ofício divino." A participação na Eucaristia dominical e festiva tem sido uma fonte de oração para mim e para os meus familiares?

"Assim também está ao cuidado da família cristã celebrar, mesmo em casa e de forma adaptada aos seus membros, os tempos e as festividades do ano litúrgico." O que experimento nas celebrações litúrgicas encontra eco na vida dos meus familiares? Faço da minha vida de oração um testemunho para os meus familiares?

"Para preparar e prolongar em casa o culto celebrado na Igreja, a família cristã recorre à oração privada, que se apresenta sob uma grande variedade de formas: esta variedade, enquanto testemunho da riqueza extraordinária com a qual o Espírito anima a oração cristã, responde às diversas exigências e situações da vida de quem se volta para o Senhor." Encontro na oração do Pai-Nosso inspiração para elevar a Deus, com confiança, as minhas orações pessoais?

"Além das orações da manhã e da tarde são de aconselhar expressamente – seguindo também indicações dos Padres Sinodais – a leitura e a meditação da Palavra de Deus, a preparação para a recepção dos sacramentos, a devoção e consagração ao Coração de Jesus, as várias formas de culto à Santíssima Virgem, a bênção da mesa, as práticas de piedade popular." Busco na Palavra de Deus alimentar a minha vida de oração, particularmente na oração e meditação dos Salmos?

"No respeito pela liberdade dos filhos de Deus, a Igreja propôs e continua a sugerir aos fiéis algumas práticas de piedade com solicitude e insistência particulares. Entre estas é de lembrar a recitação do Rosário." Tenho vida de oração, isto é, minha vida é modelada pela oração? O que acontece no meu cotidiano torna-se ocasião para intensificar minha vida de oração?

"Queremos agora, em continuidade de pensamento com os nossos Predecessores, recomendar vivamente a recitação do Santo Rosário em família. Não há dúvida de que o Rosário da bem-aventurada Virgem Maria deve ser considerado uma das mais excelentes e eficazes orações em comum, que a família cristã é convidada a recitar. Dá-nos gosto pensar e desejamos vivamente que, quando o encontro familiar se transforma em tempo de oração, seja o Rosário a sua expressão frequente e preferida". Rezo e medito os mistérios da fé pela recitação do Santo Rosário?

"Desta maneira a autêntica devoção mariana, que se exprime no vínculo sincero e na generosa série das posições espirituais da Virgem Santíssima, constitui um instrumento privilegiado para alimentar a comunhão de amor da família e para desenvolver a espiritualidade conjugal e familiar. Ela, a Mãe de Cristo e da Igreja, é também, de fato, de forma especial, a Mãe das famílias cristãs, das Igrejas domésticas." Procuro espelhar minha vida nos exemplos de fé, de esperança e de amor que se concretizaram em Maria Santíssima?

4. Mt 25,31-46:
"Foi a mim que fizeste"

Breve introdução

A preocupação com os menos favorecidos, em suas necessidades corporais e espirituais, foi uma atitude constante que Jesus Cristo assumiu durante todo o ministério público. O seu infinito amor sempre o impulsionou a ter compaixão pelas pessoas que sofriam diversos tipos de misérias. Por isso ele ensinou a verdade que liberta; tocou e deixou-se tocar pelas pessoas; visitou e curou os doentes; expulsou demônios e espíritos impuros; deu de comer aos famintos; entreteve-se com os mais necessitados; soube acolher os que vinham a ele com as suas diversas necessidades. Jesus Cristo não sepultou ninguém, segundo os santos Evangelhos, mas ressuscitou e tirou mortos da sepultura. Ele, vencendo a morte, renovou as esperanças com a sua ressurreição. Cada discípulo, com Jesus Cristo, aprende a ser mais atento às necessidades do próximo.

1º Passo
Leitura do Evangelho segundo Mateus 25,31-46

[31]Quando o Filho do Homem vier em sua glória com todos os seus anjos, se sentará sobre o trono da sua glória. [32]E todas as gentes serão reunidas em sua presença e ele separará uns dos outros, como o pastor separa as ovelhas dos cabritos, [33]e porá as ovelhas à sua direita e os cabritos à sua esquerda. [34]Então, o rei dirá aos da sua direita: "Vinde, benditos de meu Pai, recebei em herança o reino

preparado para vós desde a fundação do mundo. [35]Porque tive fome e me destes de comer; tive sede e me destes de beber; era forasteiro e me acolhestes; [36]nu e me vestistes, doente e me visitastes, encarcerado e viestes a mim". [37]Então os justos lhe responderão: "Senhor, quando foi que te vimos com fome e te demos de comer, com sede e te demos de beber? [38]Quando foi que te vimos forasteiro e te acolhemos ou nu e te vestimos? [39]Quando foi que te vimos doente ou encarcerado e viemos a ti?" [40]Em resposta, o rei lhes dirá: "Em verdade vos digo: cada vez que fizestes isso a um destes meus irmãos mais pequeninos, a mim o fizestes". [41]Depois, dirá aos da sua esquerda: "Para longe de mim, malditos, para o fogo eterno, preparado para o diabo e para os seus anjos. [42]Porque tive fome e não me destes de comer; tive sede e não me destes de beber; [43]era forasteiro e não me acolhestes; nu e não me vestistes, doente e preso, e não viestes a mim". [44]Então estes também responderão: "Senhor, quando é que te vimos com fome ou com sede, forasteiro ou nu, doente ou preso e não te servimos?" [45]E ele responderá com estas palavras: "Em verdade vos digo: todas as vezes que o deixastes de fazer a um desses pequeninos, foi a mim que o fizestes". [46]E irão estes para o castigo eterno, e os justos para a vida eterna.

O que o texto diz?

Faz parte da fé cristã a certeza de que Jesus Cristo subiu aos céus e foi glorificado à direita do Pai (cf. Lc 24,50-53; At 1,6-11), e que um dia retornará, não mais na singeleza da frágil criança de Belém (cf. Mt 2,1-12; Lc 2,1-20), mas glorioso e como justo juiz, para dar, a cada um, o que lhe for devido.

A corte celestial, que com ele virá, como trabalhadores em um campo, reunirá os homens e as mulheres de todas as raças e línguas. É um modo de se afirmar que ninguém deixará de comparecer ao tribunal celestial e de ser julgado por Jesus Cristo pelas obras que praticou ou deixou de praticar, segundo um critério específico: ele nos mais necessitados.

A certeza dessa vinda de Jesus Cristo como justo juiz infunde, por um lado, alento nos seus discípulos e discípulas que padecem com diversos tipos de perseguição e nem por isso desistem de praticar as boas obras; contudo, por outro lado, é um alerta que questiona todos os que não se empenham na prática das boas obras e, por isso, tornam-se, também, responsáveis pelos males que muitos padecem no mundo.

Diante de Jesus Cristo, justo juiz, todas as pessoas e nações serão confrontadas com o bem, a justiça, a verdade e o amor que ele manifestou, ensinou e praticou. Estes são os critérios que distinguirão os fiéis dos infiéis, os bons dos maus, os justos dos injustos, os verdadeiros dos fraudadores e corruptos.

Estar à direita significa ter sido julgado justo; estar à esquerda significa ter sido julgado injusto: um critério e uma linguagem do mundo antigo tirados da prática dos pastores de pequenos rebanhos, que sabiam da necessidade de separar os cabritos das ovelhas para que não as machucassem. É uma imagem muito pedagógica, porque ajuda a compreender a chegada do momento de pôr um fim a todas as formas de perversidades e maldades.

Acreditar que haverá um momento final e decisivo para as formas de injustiças e maldades permite superar e vencer os vários tipos de sedução que procuram não apenas arrastar para o erro, mas se calar diante dele, não querendo comprometer-se com a justiça e a prática das boas obras. A separação acontecerá, mas cada um deve procurar fazer por onde permanecer à direita de Jesus Cristo em tudo aquilo que fala e faz.

O Filho do Homem assume o papel de juiz como rei sentado sobre o seu trono. Primeiramente, declara a sentença para os que foram colocados à sua direita e lhes atribui um juízo: "benditos de meu Pai". Desse juízo surge uma nova informação: o rei fala do seu Pai. Além disso, anuncia que para os benditos está reservada uma recompensa: o Reino preparado desde a fundação do mundo.

Assim, o fim da história tem a ver com o seu início, isto é, desde a fundação do mundo uma recompensa foi estabelecida para os justos. Essa recompensa, no dizer do apóstolo Paulo, são coisas que os olhos não viram, os ouvidos não ouviram e o coração do ser humano não percebeu o que Deus tem preparado para aqueles que o amam (cf. 1Cor 2,9).

A história e a trajetória humana não são realidades que transcorrem ao acaso, mas decorrem de um plano previdente e provindente de Deus. Com a narrativa do pecado original (cf. Gn 3,1-24) o autor bíblico deu a entender que o mau uso da liberdade levou o ser humano a se afastar de Deus e do seu plano de amor. Sem dúvida, seria mais fácil se cada um fosse "obrigado" a fazer o bem, mas Deus não criou o ser humano para ser uma "marionete" em suas mãos. Ele o quis, desde o início, como amigo e colaborador do seu plano de amor.

Justo juiz, rei e filho do Pai, Jesus Cristo identificou-se com seis tipos de pessoas carentes: o faminto, o sedento, o nu, o peregrino, o doente e o encarcerado. É correto aplicar essa identificação a todo ser humano que estiver passando por uma ou por todas essas formas de necessidade, pois, afinal de contas, o Filho de Deus, ao encarnar, assumiu a condição humana em plenitude, com exceção do pecado (cf. Hb 4,15), isto é, assumiu todas as misérias humanas.

Contudo, pelo contexto histórico da igreja primitiva, essa identificação, em primeiro lugar, deve ser aplicada a seus discípulos e discípulas que começaram a sofrer todo tipo de provação e necessidades por causa da conversão, da fé e do seguimento de Jesus Cristo.

Por causa do nome de Jesus Cristo os seus seguidores passaram a ser objeto de maus-tratos. Isso fica bem claro nas bem-aventuranças (cf. Mt 5,1-12). Além disso, Jesus Cristo, durante a última ceia, afirmou: "Se o mundo vos odeia, sabei que, primeiro, me odiou a mim" (cf. Jo 15,18).

Os que foram colocados à direita do Pai são declarados "justos" e interpelam o justo juiz diante da sua identificação com os necessitados. A pergunta dos justos é inquietante: "Quando foi que te vimos...?".

Nem mesmo os justos tinham percebido ou compreendido a profundidade e o sentido que existe no mistério da encarnação do Filho de Deus. Essa identificação, ao longo dos séculos, provocou uma profunda revolução nas estruturas sociais e ajudou a Igreja a consolidar o seu testemunho pelas iniciativas sociais que desenvolveu: hospitais, asilos, orfanatos e, principalmente, a proclamação da sua doutrina social.

Encontrar necessitados no dia a dia não é algo difícil, em particular nas grandes metrópoles, que põem à margem da sociedade, com muita facilidade, milhares de pessoas. Difícil é reconhecer Jesus Cristo nesses necessitados e procurar fazer-lhes o bem, apenas pensando na identificação que ele fez ao se dizer faminto, sedento, peregrino, nu, doente e preso.

É preciso fé e boa disposição, mas principalmente a graça de Deus, para reconhecer Jesus Cristo nos necessitados e por eles praticar as obras de misericórdia. Uma atenção dessa natureza exige sensibilidade pelo que sofre.

Os justos não ficaram sem resposta e, por ela, descobriram o sentido profundo do mistério da encarnação do Filho de Deus. Tudo o que cada um fez a favor dos necessitados, chamados de "meus irmãos mais pequeninos", foi feito ao próprio Jesus Cristo, que se identificou com eles. Essa inversão na pirâmide social possibilita o resgate da dignidade humana em todas as épocas e lugares.

Apesar de estar na glória de Deus e ter se tornado justo juiz e rei, Jesus Cristo continua presente na terra entre os seres humanos, identificando-se, em particular, com os mais necessitados, possibilitando a seus discípulos e discípulas a prática das boas obras que os tornam mais próximos do seu Senhor.

2º Passo

A meditação ajuda a perceber e aprofundar o que o texto diz

A figura de um rei, em muitos lugares, pertence ao passado e já está ultrapassada. Uma característica, porém, permanece no imaginário das pessoas: o rei é uma pessoa distante, intocável, mas que vive imerso numa realidade psicologicamente atraente. Diferentemente dessa concepção, Jesus Cristo, nesse episódio, manifesta-se não apenas preocupado com os necessitados, mas pessoalmente se identifica com eles.

A imagem triunfalista da realeza fica de cabeça para baixo na revelação que Jesus Cristo fez no dia do juízo tanto aos que separou à sua direita como aos que foram colocados à sua esquerda. A surpresa foi geral. Se justos e injustos esperavam ser julgados por um critério de fidelidade, este foi feito com base na assistência dada ou negada a ele na pessoa dos menos favorecidos.

O discipulado que fica em evidência é o do seguimento de Jesus Cristo rei humilde. Por isso não é de espantar que a ação em favor de Jesus Cristo seja revelada como ação em favor dos mais necessitados e sofredores, dos pequenos que são declarados irmãos do rei. O amor para com o próximo acentua-se nas obras de misericórdia capazes de decidir não só a vida dos necessitados, mas, em particular, dos discípulos de Jesus Cristo.

O período da glória, iniciado neste mundo na vida dos discípulos desde o dia em que receberam o Batismo, se encaminha para a consumação. Dia a dia experimenta-se a vida de Jesus Cristo no serviço e na doação. A separação entre justos e injustos não é feita em função da proclamação da identidade de Jesus Cristo – "Senhor, Senhor" –, mas no reconhecimento da sua presença acolhida nos mais necessitados.

Este episódio do Evangelho quer evidenciar como se manifestam a bondade e a compaixão de Jesus Cristo pelo ser humano mais humilde e dependente dos que se professam seus seguidores. Os seis tipos de necessitados resumem as formas de serviço que se presta a Jesus Cristo na obediência. Por um lado, ele se serve dessas formas de serviço para manifestar sua bondade e compaixão pelos pequenos e humildes; por outro lado, para medir a participação e imersão dos discípulos na sua própria vida.

As exigências da obediência a Deus e do serviço ao próximo estão em estreita relação não apenas entre elas, mas denotam em que consiste amar de forma ativa, fundamentado na vontade salvífica de Deus. Os necessitados estão no nosso meio, clamando a Deus por ajuda. A sua resposta é contínua e imediata: Jesus Cristo em seus discípulos.

Quem quiser ser colocado à direita na glória do Pai tem de assumir os mais necessitados como irmãos, exatamente como fez Jesus Cristo. Assumir não só por palavras, mas com gestos concretos. Do contrário se comete um insulto não apenas aos menores e mais pequeninos, mas, principalmente, ao Senhor Jesus Cristo, que se declarou irmão e os declarou seus irmãos.

O melhor plano e a melhor estratégia para servir Jesus Cristo nos mais necessitados é usar o seu próprio amor misericordioso. A partir desse amor, cada discípulo, como membro da Igreja e cidadão, está comprometido, tanto em nível eclesial como em nível social, com as pessoas mais pobres e suas necessidades.

"O que vai decidir a sorte final não é a religião na qual viveram, nem a fé que confessaram durante sua vida. O decisivo é viver com compaixão, ajudando a quem sofre e necessita de nossa ajuda. O que se faz a pessoas famintas, imigrantes, indefesos, enfermos, desvalidos ou encarcerados esquecidos por todos está sendo feito ao próprio Deus, encarnado em Jesus. A religião mais agradável ao Criador é a ajuda ao que sofre" (PAGOLA, 2013a, p. 321).

A fraternidade exigida por Jesus Cristo não deve acontecer por medo do juízo final, mas por fidelidade a ele e a seu Evangelho. Assim como Jesus Cristo, cada discípulo pode e deve ser um pouco de fermento que, misturado no meio dos mais necessitados e oprimidos, possui a força capaz de fazer levedar toda a massa, fazendo aparecer uma sociedade mais justa, fraterna, solidaria e, principalmente, mais humana.

A sentença de Jesus Cristo aponta para o último dia, o dia do juízo, mas este dia já começou para cada discípulo. Ser bendito ou maldito dependerá única e exclusivamente da obediência ou da falta dela no que tange à realização da vontade de Deus através do caminho aberto por Jesus Cristo quando ensinou o duplo mandamento: "Amar a Deus sobre todas as coisas e ao próximo como a si mesmo". Esse caminho não é difícil, mas exige empenho, e demanda atenção para não descuidar do amor principalmente aos mais pobres e necessitados.

3º Passo

O que o texto faz dizer a Deus em oração (Lc 1,46-55):[1]

[46]A minh'alma engrandece o Senhor
[47]e se alegrou o meu espírito em Deus, meu salvador,
[48]pois ele viu a pequenez de sua serva,
desde agora as gerações hão de chamar-me de bendita.
[49]O poderoso fez em mim maravilhas
e Santo é o seu nome!
[50]Seu amor, de geração em geração,
chega a todos que o temem.
[51]Demonstrou o poder de seu braço,
dispersou os orgulhosos.
[52]Derrubou os poderosos de seus tronos
e os humildes exaltou.

---

[1] Texto da versão contida na *Liturgia das Horas*.

[53]De bens saciou os famintos

e despediu, sem nada, os ricos.

[54]Acolheu Israel, seu servidor,

fiel ao seu amor.

[55]Como havia prometido aos nossos pais,

em favor de Abraão e de seus filhos para sempre.

4º Passo

Na contemplação-ação o texto faz formular um compromisso de vida

"Qualquer um que necessite de mim e eu possa ajudá-lo, é o meu próximo. O conceito de próximo fica universalizado, sem deixar, todavia, de ser concreto. Apesar da sua extensão a todos os homens, não se reduz à expressão de um amor genérico e abstrato, em si mesmo pouco comprometedor, mas requer o meu empenho prático aqui e agora" (*Deus Caritas Est*, n. 15). Que tenho feito para tomar consciência dessa verdade e assumi-la como compromisso na minha vida?

"Continua a ser tarefa da Igreja interpretar sempre de novo esta ligação entre distante e próximo na vida prática dos seus membros. É preciso, enfim, recordar de modo particular a grande parábola do Juízo final (cf. Mt 25,31-46), onde o amor se torna o critério para a decisão definitiva sobre o valor ou a inutilidade de uma vida humana" (*Deus Caritas Est*, n. 15). Tenho procurado ouvir a voz da Igreja e fazer eco com a minha própria vida, a fim de que o meu testemunho seja coerente e condizente com os ensinamentos que recebo dela?

"Jesus identifica-se com os necessitados: famintos, sedentos, forasteiros, nus, enfermos, encarcerados. 'Sempre que fizestes isto a um destes meus irmãos mais pequeninos, a mim mesmo o fizestes' (Mt 25,40). Amor a Deus e amor ao próximo fundem-se num todo: no mais pequenino, encontramos o próprio Jesus e, em Jesus, encontramos Deus" (*Deus Caritas Est*, n. 15). Como tenho feito experiência do amor a Deus e ao próximo? Acredito que Jesus Cristo se faz presente nos mais necessitados? Disponho-me a segui-lo pela prática da caridade fraterna?

"Este processo autenticamente evangélico não consiste numa transformação espiritual realizada de uma vez para sempre; mas é um completo estilo de vida, uma característica essencial e contínua da vocação cristã. Consiste, pois, na descoberta constante e na prática perseverante do *amor, como força que ao mesmo tempo unifica e eleva*, não obstante todas as dificuldades de natureza psicológica ou social. Trata-se, efetivamente, de um *amor misericordioso* que, por sua essência, é amor criador" (*Dives in Misericordia*, n. 14). Tenho sido aberto aos apelos do Evangelho e tenho deixado que a força do amor de Deus modele o meu modo de viver?

"O amor misericordioso, nas relações recíprocas entre os homens, nunca é um ato ou um processo unilateral. [...] Neste sentido, Cristo crucificado é para nós o modelo, a inspiração e o incitamento mais nobre. Baseando-nos neste *impressionante modelo*, podemos, com toda a humildade, manifestar a misericórdia para com os outros, sabendo que Cristo a aceita como se tivesse sido praticada para com ele próprio" (*Dives in Misericordia*, n. 14). A minha identidade cristã tem sido modelada no amor misericordioso de Deus como serviço a Jesus Cristo sem fazer acepção de pessoas?

"Segundo este modelo, devemos também purificar continuamente todas as ações e todas intenções, em que a misericórdia é entendida e praticada de modo unilateral, como um bem feito apenas aos outros. Ela é realmente um ato de amor misericordioso só quando, ao praticá-la, estivermos profundamente convencidos de que ao mesmo tempo nós a recebemos, da parte daqueles que a recebem de nós" (*Dives in Misericordia*, n. 14). Reconheço que todo ato de amor praticado pelo meu semelhante resulta em um ato de amor de Jesus Cristo por mim?

"Se faltar esta bilateralidade e reciprocidade, as nossas ações não são ainda autênticos atos de misericórdia. Não se realizou ainda plenamente em nós a conversão, cujo caminho nos foi ensinado por Cristo com palavras e exemplos, até a Cruz, nem participamos ainda completamente da *fonte magnífica do amor misericordioso* que nos foi revelada por ele" (*Dives in Misericordia*, n. 14). Permito que as minhas ações beneficentes sejam revestidas de seletividade, julgando assim quem deve ou não ser digno do meu amor e, com isso, anulo a força da cruz de Cristo na minha vida?

"A *misericórdia* autenticamente cristã é ainda, em certo sentido, a *mais perfeita encarnação* da 'igualdade' entre os homens e, por conseguinte, também a encarnação mais perfeita da justiça, na medida em que esta, no seu campo, tem em vista o mesmo resultado. Enquanto a igualdade introduzida mediante a justiça se limita ao campo dos bens objetivos e extrínsecos, o amor e a misericórdia fazem com que os homens se encontrem uns com os outros naquele valor que é o mesmo homem, com a dignidade que lhe é própria" (*Dives in Misericordia*, n. 14). Acredito mais no Evangelho ou nas propostas de bem-estar que os partidos políticos apresentam como solução para os problemas sociais? Admito que a misericórdia é a mais perfeita forma de equidade entre os seres humanos?

"Ao mesmo tempo, a 'igualdade' dos homens mediante o amor 'paciente e benigno' não elimina as diferenças. Aquele que dá torna-se mais generoso, quando se sente recompensado por aquele que recebe o seu dom. E, vice-versa, o que sabe receber o dom com a consciência de que também ele faz o bem, ao recebê-lo, está, por seu lado, servindo a grande causa da dignidade da pessoa, e contribui para unir mais profundamente os homens entre si" (*Dives in Misericordia*, n. 14). Reconheço que o pouco feito com amor me abre cada vez mais para o próximo? Ou me fecho quando encontro ingratidão?

Assim, compreende-se que: "Tanto o Antigo como o Novo Testamento afirmam explicitamente que *sem o amor ao próximo*, concretizado na observância dos mandamentos, *não é possível o autêntico amor a Deus*. S. João escreve-o com um vigor extraordinário: 'Se alguém disser: *Eu amo a Deus*, mas odiar a seu irmão, é mentiroso, pois quem não ama a seu irmão, ao qual vê, como pode amar a Deus, que não vê?' (1Jo 4,20). O evangelista faz-se eco da pregação moral de Cristo, expressa de um modo admirável e inequívoco na parábola do bom Samaritano (cf. Lc 10,30-37) e no 'discurso' do juízo final (cf. Mt 25,31-46)" (*Veritatis Splendor*, n. 14). Tenho manifestado a minha fé em Deus com gestos concretos de caridade pelo meu próximo, certo de que é impossível amar a Deus sem amar o meu próximo?

"Segundo o relato de Mateus, 'todas as nações' comparecem diante do Filho do Homem, isto é, diante de Jesus, o compassivo. Não se faz nenhuma diferença entre 'povo eleito' e 'povos pagãos'. Nada se diz das diferentes religiões e cultos. Fala-se de algo muito humano e que todos entendem: o que fizemos com os que viveram sofrendo junto a nós?" [...] Nossa vida está sendo julgada agora mesmo. Não há que esperar nenhum julgamento. É agora que estamos nos aproximando ou afastando dos que sofrem. É agora que estamos nos aproximando ou afastando de Cristo. Agora estamos decidindo nossa vida (PAGOLA, 2013a, p. 320-321).

5. Mc 6,30-44:
"Dai-lhes vós mesmos de comer"[1]

Breve introdução

Evangelizar é a missão da Igreja: fazer Jesus Cristo conhecido, crido e amado por cada ser humano. Esta ação, porém, não pode acontecer sem a dimensão social, isto é, sem ser uma força transformadora *na* vida e *da* vida dos evangelizadores e dos evangelizados. Contudo, se a Igreja trabalhar apenas pela dimensão social, sem evangelizar, estará negligenciando a missão que recebeu, pois "não somente de pão vive o ser humano, mas de toda palavra que sai da boca de Deus" (cf. Dt 8,3; Mt 4,4). Por certo a fome resulta, muitas vezes, do egoísmo ou da falta de compromisso dos que possuem bens e o que comer para com os que nada possuem para sobreviver. Onde não há uma justa distribuição dos bens, a fome se torna uma grande miséria e fonte de violências. Neste sentido, a evangelização objetiva combater o egoísmo e despertar, nos mais abastados, a sensibilidade para as necessidades básicas dos menos favorecidos, gerando iniciativas que sejam capazes de atender a essas necessidades pela partilha dos bens.

1º Passo

Leitura do Evangelho segundo Marcos 6,30-44

[30]E se reuniram os apóstolos com Jesus e contaram-lhe tudo o que tinham feito e o que tinham ensinado. [31]Então, disse-lhes: "Vinde,

---

[1]   Para aprofundamento do tema: GRENZER, 2012, p. 107-127.

vós mesmos, a sós, para um lugar deserto e descansai um pouco!" Os que iam e vinham, de fato, eram muitos e nem tinham tempo para comer. [32]Partiram de barco, a sós, para um lugar deserto. [33]No entanto, os viram partir e muitos os reconheceram, e a pé, de todas as cidades, correram juntos para lá e os precederam. [34]Assim que desembarcou, viu uma grande multidão e teve compaixão por eles, pois eram como ovelhas sem pastor, e começou a ensinar-lhes muitas coisas. [35]E a hora já era muito avançada, os discípulos se aproximaram dele dizendo: "O lugar é deserto e a hora avançada; [36]despede-os, a fim de que partam para os campos do entorno e vilarejos para comprar para si o que comer." [37]Ele, respondendo, lhes disse: "Dai-lhes vós mesmos de comer!" E disseram-lhe: "Iremos comprar pães com duzentos denários e lhes daremos a comer?" [38]Então, lhes disse: "Quantos pães tendes? Ide e vede!" E sabendo, disseram: "Cinco e dois peixes." [39]E ordenou-lhes que a todos fizessem sentar grupo a grupo sobre a erva verde. [40]E sentaram, um a um, por cem e por cinquenta. [41]E tendo tomado os cinco pães e os dois peixes, elevou os olhos aos céus e deu graças e partiu os pães e deu aos seus discípulos para que colocassem diante deles e os dois peixes dividiu por todos. [42]E comeram todos e ficaram satisfeitos [43]e recolheram dos pedaços e dos peixes em doze cestos cheios. [44]E os que comeram os pães eram cinco mil homens.

O que o texto diz?

O termo apóstolo significa "enviado" ou "pronto para partir". Mc 3,14 e 6,30 são, em todo o Evangelho, as duas únicas referências ao termo "apóstolo", ligado somente ao grupo dos Doze discípulos mais próximos de Jesus Cristo e que foram enviados em missão. Nesse sentido, a iniciativa partiu de Jesus Cristo, que os considerou prontos para ser enviados com uma missão específica: pregar em seu nome, curar os enfermos e expulsar os demônios.[2]

---

[2]   Para aprofundamento do tema: FERNANDES, 2012b, p. 43-105.

Os apóstolos regressaram entusiasmados com a missão, com tudo o que falaram e fizeram em nome de Jesus Cristo. Por isso, querem apresentar os resultados, como servos que prestam contas do trabalho realizado. Não se descarta o desejo de receber a justa recompensa pela obra realizada.

Ao que tudo indica, Jesus Cristo ficou muito sensibilizado com eles e percebeu que estavam cansados. A sua proposta visa um destaque das multidões, a fim de que aprendam que o descanso é também um dom precioso e necessário. É preciso revigorar as forças para que estejam preparados para quando a nova missão chegar. O que caracteriza esse tempo de descanso, num lugar deserto ou afastado, é estar na companhia de Jesus Cristo.

A proposta de Jesus Cristo encontra, ainda, uma forte justificativa, que aparece no final do versículo 31 e retoma Mc 3,20: não conseguiam comer. Isso introduz a chave de leitura para o que virá logo a seguir: a multidão que sensibilizou Jesus Cristo, pois eram como ovelhas sem pastor.

O afastamento de Jesus Cristo com os Doze seguiu uma estratégia: entrar num barco e atravessar o lago da Galileia de um local para outro, o que, em teoria, já permitiria um rápido e certo isolamento das multidões. Contudo, surge uma notícia inesperada: a multidão percebeu a partida e decidiu ir atrás deles por terra e interceptá-los no momento do desembarque.

A atitude da multidão revela, sem dúvida, que a missão dos apóstolos, de fato, obteve o êxito desejado. Já que despertaram o interesse, ou melhor, despertaram a fome das palavras que curam e comunicam vida. Jesus Cristo e o seu grupo íntimo se tornaram responsáveis pelo que provocaram na multidão.

Ao desembarcar, Jesus Cristo teve duas atitudes iniciais: viu e se comoveu. E fez uma constatação: eram como ovelhas sem pastor. E essa constatação se desdobrou em uma nova atitude: começou a ensinar muitas coisas à multidão. Não se pode negar uma coisa: os planos de descanso em grupo foram impedidos pela multidão em necessidade. Com isso surge uma nova demanda: é preciso saber renunciar a um direito quando urge a necessidade. A ênfase recai, igualmente, sobre as capacidades de mostrar a comoção e a solicitude de Jesus Cristo, revelando que ele é um verdadeiro pastor e que não abandona as ovelhas.

A narrativa não revela o conteúdo do ensinamento de Jesus Cristo à multidão. Pode-se perceber, porém, que o seu conteúdo foi atrativo, pois Jesus Cristo não conseguia interromper o ensinamento. A longa duração deste ensinamento atesta que Jesus Cristo tinha muito a dizer e que a multidão estava faminta de aprender. Surge, então, a iniciativa dos discípulos com base numa informação precedente: o lugar é deserto. Foi um novo modo de se retomar os planos de descanso, era preciso despedir a multidão para que, movida pela fome, buscasse o que comer nos campos e vilarejos vizinhos. Assim, o grupo finalmente ficaria sozinho.

O esperado, humanamente dizendo, seria Jesus Cristo aderir à sugestão dos discípulos. O que se vê, porém, é uma nova ordem de Jesus Cristo aos discípulos: "Dai-lhes vós mesmos de comer". Por certo uma resposta desconcertante e provocadora, pois assim foi interpretada pelos discípulos: "Iremos comprar pães com duzentos denários e lhes daremos a comer?". Em outras palavras, ao invés de despedir a multidão, os discípulos é que são despedidos para gastar o que "têm" com a fome da multidão? Duzentos denários não eram uma pouca soma, pois representavam duzentas diárias de trabalho (cf. Mc 14,5).

A preocupação dos discípulos também serve para lembrar um momento importante da história do povo: a travessia pelo deserto sob a liderança de Moisés, que foi acusado de levar o povo para um lugar onde a fome, sem dúvida, resultaria em morte (cf. Ex 16,3).[3] A resposta de Jesus Cristo, porém, mostra que ele assumiu um novo protagonismo e, por isso, para não ser alvo de murmuração por parte dos que passaram todo o tempo ouvindo os

---

[3]   Para aprofundamento do tema: GRENZER, 2011b, p. 27-60.

seus ensinamentos, mandou que os discípulos dessem de comer à multidão.

A atitude inesperada de Jesus Cristo permite dizer que se originou um novo ensinamento: não basta que se percebam as necessidades das pessoas, é preciso que se encontre um caminho de solução. Sem dúvida, o econômico não foi o mais importante, pois os duzentos denários foram descartados como solução para o problema. Jesus Cristo, então, os enviou em uma nova missão: descobrir quantos pães eles tinham. A ordem foi cumprida e os resultados foram apresentados: cinco pães e dois peixes. Mas o que é isso para tão grande multidão?

Não se sabe a quem pertenciam os pães e os peixes que foram encontrados na busca feita pelos discípulos. Sabe-se que o recurso encontrado era parco e, mesmo assim, a resposta foi apresentada a Jesus Cristo.[4] O que são cinco pães e dois peixes nas mãos dos discípulos? Nada! Nas mãos de Jesus Cristo, porém, fizeram toda a diferença.

Esses cinco pães e dois peixes podem ter muitos significados além do imediato. Na intenção do autor do relato poderiam evocar os cinco livros da Lei de Deus (Torá) e o bloco dos livros proféticos e sapienciais. Na dinâmica do Antigo Testamento, a Lei de Deus contida nos cinco primeiros livros é o que precede os outros dois blocos que dela se alimentam. Assim, os cinco pães são o alimento dos dois peixes e de todos os que se alimentam da Palavra de Deus.

O milagre da multiplicação dos pães e dos peixes é entendido de diversos modos. Um elemento, porém, é basilar: Jesus Cristo está na origem do milagre que aconteceu sobre os pães e os peixes que foram colocados nas suas mãos. Nota-se o movimento in-

---

[4] Na versão joanina da primeira multiplicação dos pães, afirma-se que um menino tinha cinco pães de cevada e dois peixinhos (Jo 6,9). A versão de Mateus dá a entender que os pães, pela prontidão da resposta, podiam pertencer ao grupo (cf. Mt 14,18).

verso: primeiro, buscaram e trouxeram cinco pães e dois peixes e os colocaram nas mãos de Jesus Cristo; agora, recebem das mãos de Jesus Cristo o suficiente para saciar a multidão que fora dividida em grupos de cem e de cinquenta pessoas.

Além de saber quanto havia de alimento, os discípulos tiveram de organizar a multidão sobre a erva verde. Mas o lugar, no dizer dos discípulos, não era deserto? O Sl 23 ajuda a compreender o sentido, pois o Senhor é o pastor que faz descansar e conduz o rebanho ao pasto verdejante. O deserto do local, pela decisão de Jesus Cristo, virou o oásis da restauração das forças. Com e por Jesus Cristo toda a realidade se transforma.

Organizar não foi, certamente, algo fácil. De imediato, surge uma pergunta: por que grupos de cem e de cinquenta pessoas? São muitas as propostas de respostas. Um elemento deve ser destacado: a distribuição do alimento aconteceu de forma organizada e serve para se contrapor à imagem de um rebanho sem pastor e disperso. Serve, também, para evocar a organização dos que, sob o comando de Moisés, marcharam, pelo deserto, organizados (cf. Dt 1,15). Com isso Jesus Cristo mostra aos Doze a responsabilidade que resulta do ensinamento. Não basta evangelizar, é preciso organizar os evangelizados e alimentá-los à saciedade.

O que precede a realização do milagre da multiplicação dos pães e dos dois peixes? O essencial! Jesus Cristo, que elevou os olhos aos céus e deu graças. Essa atitude e as palavras de ação de graças (*b^erākâ*), por um lado, evocam o mistério de comunhão de Jesus Cristo com o Pai dos céus e, por outro lado, antecipam a instituição da Eucaristia na última ceia, quando Jesus Cristo se entregou nas mãos dos seus discípulos e instituiu o mistério da sua comunhão com eles e entre eles.

Os discípulos, depois que experimentaram suas limitações e incapacidades, são associados por Jesus Cristo ao milagre que presenciaram. O que Jesus Cristo havia dito para eles – "Dai-lhes vós mesmos de comer" – se cumpre na distribuição que fizeram. Com isso fica prefigurado nesse gesto o serviço eucarístico da Igreja e a caridade que dele se desdobra em ação social pelos que passam fome.

Deus se importa com o ser humano e com suas necessidades. Assim como respondeu aos apelos de fome do seu povo no deserto e os saciou (cf. Ex 16,12), na ação de Jesus Cristo a atenção de Deus se fez mais próxima. A preocupação pela fome não antecedeu o ensinamento, mas decorreu dele. Todos ficaram saciados pelo pão da palavra, e que se multiplicou pela Palavra que se fez carne: Jesus Cristo.

Os Doze apóstolos recolhem doze cestos, que, por sua vez, lembram as doze tribos de Israel. O dom de Deus é abundante não apenas pela quantidade de alimento distribuído, mas também pelo muito que foi recolhido. Isso revela que a ação de Jesus Cristo, que realizou o milagre, e dos discípulos, que distribuíram o alimento, implicou em cooperação entre o divino e o humano: cinco mil homens alimentados e prontos para prosseguir o caminho. É uma Igreja que vive do serviço e que cresce no serviço a Deus e ao ser humano.

2º Passo

A meditação ajuda a perceber e aprofundar o que o texto diz

O sofrimento, a dor e a pobreza não são apenas temas interligados, mas realidades unidas e muito concretas. Elas não constituem, porém, o projeto de Deus para as pessoas que vivem essas realidades. O projeto de Deus é a vida digna para o ser humano, vida na qual os bens materiais e espirituais encontram-se à disposição de todos e não apenas estão nas mãos de alguns mais abastados.

Jesus Cristo é a realização desse projeto e iniciou o seu ministério público com a proclamação do reinado de Deus na dinâmica de libertação, como realização das promessas contidas no Antigo Testamento. Em Jesus Cristo foi revelado que nenhum poder pode invalidar a potência do amor de Deus, que "tanto amou o mundo, que entregou o seu Filho único, para que todo o que nele crê não pereça, mas tenha a vida eterna" (Jo 3,16).

No plano amoroso de Deus, ninguém está excluído dos bens salvíficos e que, por isso, são acessíveis e gratuitos. No episódio da multiplicação dos pães, símbolo do grande banquete (cf. Is 55,1-3), Jesus Cristo chamou cada ser humano à partilha e ao amor. Quando esses dois gestos são experimentados e colocados em prática, a fome pode ser vencida; e se os discípulos são expressão de fraternidade, a abundância de quem tem vence as carências dos que nada possuem. Essa disposição exige fé e abertura para o sentido positivo da moral cristã.

Em contrapartida, o ser humano, marcado pelo egoísmo, muito facilmente se deixa levar por ações discriminatórias e excludentes, principalmente contra os menos favorecidos, negando-lhes o acesso aos bens indispensáveis à sua sobrevivência. Para esse tipo de pessoa Jesus Cristo e a sua mensagem permanecem uma provocação e um chamado à conversão. Sem conversão o projeto positivo de Deus se torna mais lento para se concretizar na sociedade.

O cristão que se empenha em percorrer o caminho da perfeição busca se assemelhar em tudo a Jesus Cristo, seguindo o exemplo do seu Senhor pela prática das boas obras corporais e espirituais, as quais são conhecidas como "obras de misericórdia" (CatIC, n. 2447). Por meio delas, cada cristão se conforma cada vez mais a Jesus Cristo, percebe e, segundo suas possibilidades, busca socorrer o próximo em suas necessidades.

Nossas famílias estão enfrentando diversos tipos de dificuldades e demonstram-se carentes tanto de bens materiais como de bens espirituais. Nesse sentido, conhecer e praticar as obras de misericórdia corporal pode ajudar a atender as necessidades básicas e urgentes.

A fome é uma das piores privações que o ser humano pode enfrentar na sua luta pela sobrevivência. Sem o pão de cada dia, a pessoa é consumida e perde as forças (cf. Jó 18,12). Em nossa cidade se percebe os extremos. De um lado, a opulência de quem, pela riqueza, esbanja com comida. De outro lado, a indigência de quem vive em grande miséria. É uma injustiça social que faz sofrer muitas famílias que, para não morrer de fome, buscam o lixo dos domicílios, dos restaurantes e dos lixões. Como ajudar os demais sem esquecer os próprios membros da família?

3º Passo

O que o texto faz dizer a Deus em oração (Sl 34)

²Quero bendizer ao Senhor em todo tempo, sobre minha boca estará sempre o seu louvor;

³No Senhor minha alma se gloria: escutem os pobres e se alegrem.

⁴Engrandecei o Senhor comigo, e exaltemos juntos o seu nome.

⁵Busquei o Senhor e ele me respondeu, e de todos os meus terrores me livrou.

⁶Contemplai-o e ficareis radiantes, vossas faces não serão envergonhadas.

⁷Este pobre clamou e o Senhor ouviu, e de todas as suas angústias o salvou.

⁸O anjo do Senhor acampa ao redor dos que o temem e os liberta.

⁹Provai e vede o quanto o Senhor é bom, feliz o homem que nele se refugia.

¹⁰Temei ao Senhor, vós os seus santos, porque nada falta aos que o temem.

[11]Os leõezinhos padecem fome, mas aos que buscam o Senhor nenhum bem lhe falta.

[12]Vinde, filhos, escutai-me, vos ensinarei o temor do Senhor.

[13]Qual o homem que quer a vida e deseja longos dias para ver o bem?

[14]Trava o mal na tua língua e o falso falar nos teus lábios.

[15]Toma distância do mal e faz o bem, busca a paz e persegue-a.

[16]Os olhos do Senhor estão sobre os justos e os seus ouvidos atentos ao seu grito.

[17]A face do Senhor está contra os maus, para eliminar da terra a sua lembrança.

[18]Gritaram e o Senhor escutou e de todas as suas angústias os libertou.

[19]Está próximo o Senhor dos corações quebrantados, e salva os espíritos abatidos.

[20]Muitos são os males do justo, mas o Senhor o livra de todos eles; [21]guarda todos os seus ossos, nenhum deles será quebrado.

[22]A maldade conduz o ímpio à morte e os que odeiam o justo serão condenados.

[23]O Senhor resgata a vida dos seus servos e não serão condenados os que nele se refugiam.

4º Passo

Na contemplação-ação o texto faz formular um compromisso de vida

A sociedade marcada pelo consumismo vive debaixo de ídolos: o sucesso, o poder, a vida fácil, o carreirismo, a moda, o esbanjamento não só do supérfluo, mas até do necessário. A orientação cristã da existência não é apenas uma alternativa de vida, mas é a verdadeira vida que não se deixa condicionar por esses atrativos. Tenho me deixado levar por esses ídolos? Tenho deixado minha existência ser orientada pelo Evangelho?

Certos projetos políticos podem parecer um verdadeiro combate à fome e à miséria, mas, no fundo, são paliativos que, de algum modo, continuam promovendo o bem-estar dos que buscam a sua própria satisfação material. É uma ilusão pensar que a solução para a fome no mundo depende apenas da boa vontade dos dirigentes para criar "excelentes" programas sociais, os quais, na verdade, são pautados não no acesso ao crédito, mas na contratação de dívidas. Como tenho vivido meu compromisso com a verdade que liberta?

A fome é um mal que assola e aflige milhões de pessoas no mundo inteiro. Muitos, porém, passam fome em nossa cidade, diante da nossa porta, em nossos círculos de amizade e até mesmo em nossa própria família. Sabe-se que o real problema não é a falta de alimentos, mas a sua injusta produção, distribuição, comercialização, e o mau uso que se faz dos recursos, ligados à ganância dos lucros e à ostentação do comer de forma desnecessária. Como tenho combatido o desperdício? Como tenho partilhado os bens que possuo?

A compulsão pela comida tem levado muitas pessoas à obesidade, tornando-as vítimas da gula. O que se gasta com academias não é tanto pela cultura do corpo, mas pelo desejo de eliminar o peso, não do corpo, mas da consciência. Os recursos que possuo são aplicados nos mais necessitados?

Nem sempre as pessoas se dão conta dos desperdícios de alimentos que acontecem em suas casas, nos bares, restaurantes e supermercados. Ao lado disso, sabe-se que muitos alimentos se perdem durante o seu transporte. Contudo, não existe somente fome de alimentos. Existe, também, fome de justiça, de bondade, de atenção, de carinho, de afeto, de presença e, acima de tudo, fome de Deus. Que tenho feito da riqueza do tempo e dos dons a mim concedidos por Deus?

Para dar de comer a quem tem fome, é preciso perceber as reais necessidades e se dispor a contribuir para a sua solução. Um exemplo, nesse sentido, foi encontrado no relato da multiplicação dos pães. Nele Jesus Cristo não apenas percebeu a necessidade do povo, mas procurou despertar nos discípulos a sensibilidade diante dela quando disse "Dai-lhes vós mesmos de comer" (cf. Mc 6,37; Mt 14,13-21). Deixo-me interpelar por Jesus Cristo? Partilho da sua fome de justiça?

A atenção dada aos mais necessitados é digna de mérito se é feita no amor ensinado por Jesus Cristo. Ao chamá-los de irmãos, Jesus Cristo ampliou o significado da fraternidade para além dos laços de sangue ou do vínculo da comunidade. Irmão é todo ser humano sujeito tanto aos direitos como aos deveres éticos, altruístas, filantrópicos etc. Percebo a responsabilidade moral à qual Jesus Cristo determinou o seu amor pelo ser humano?

"Jesus via tudo a partir da compaixão. Era sua maneira de ser, sua primeira reação diante das pessoas. Não sabia olhar ninguém com indiferença. Não suportava ver as pessoas sofrendo. Era algo superior às suas forças. Assim ele foi recordado pelas primeiras gerações cristãs. [...] Quem despertará entre nós a compaixão? Quem dará à Igreja um rosto mais parecido com o de Jesus? Quem nos ensinará a olhar como ele olhava?" (PAGOLA, 2013b, p. 137-138).

6. Jo 4,1-44:
"Dá-me de beber!"

Breve introdução

O ser humano que cultiva a fé e a esperança aguarda de Deus um sinal revelador da sua presença salvífica. O episódio do diálogo entre Jesus Cristo e a mulher samaritana, no poço de Jacó, enfatiza a revelação e o que ela objetiva: a fé como plenitude de comunhão com Deus. Se por um lado o ser humano busca satisfazer as suas necessidades físicas, por outro lado esse episódio revela que Deus possui uma proposta capaz não apenas de satisfazer, mas de realizar o ser humano em plenitude: a nova vida doada em Jesus Cristo. Essa vida, pela fé, abre o ser humano para os valores que ultrapassam as suas aspirações materiais. Para isso ocorrer, os obstáculos, barreiras e divisões egoísticas precisam ser superados.

1º Passo
Leitura do Evangelho segundo João 4,5-30.39-42

[5]Chegou (Jesus) a uma cidade da Samaria, denominada Sicar, próxima ao terreno que Jacó havia dado ao seu filho José: [6]ali estava o poço de Jacó. Então, Jesus, fatigado pelo caminho, sentou-se assim junto ao poço. Era por volta do meio-dia. [7]Chegou uma mulher da Samaria para pegar água. Jesus lhe disse: "Dá-me de beber!" [8]Os seus discípulos, de fato, tinham ido à cidade para comprar alimento. [9]Então, a mulher samaritana respondeu-lhe: "Como tu, sendo um judeu, pedes de beber a mim, que sou uma mulher samaritana?" Os judeus, de fato, não se relacionam com

os samaritanos. [10]Jesus respondeu e lhe disse: "Se conhecesses o dom de Deus e quem é o que fala a ti: dá-me de beber, tu é que lhe terias pedido e te daria água viva." [11]A mulher lhe disse: "Senhor, não tens vaso e o poço é profundo; de onde, então, tens a água viva? [12]Não és tu acaso maior que nosso pai Jacó que nos deu o poço e, desse, ele bebeu e seus filhos e seus rebanhos?" [13]Jesus respondeu e lhe disse: "Aquele que bebe desta água terá sede novamente; [14]mas aquele que bebe da água que eu lhe darei, não terá sede em eterno, pois a água que lhe darei, se tornará, nele, uma fonte de água que jorra para a vida eterna." [15]A mulher lhe disse: "Senhor, dá-me desta água, a fim de que não tenha mais sede e não tenha que vir aqui para tirar." Disse-lhe: [16]"Vai, chama o teu marido e vem aqui." [17]A mulher respondeu e lhe disse: "Não tenho marido!" Jesus lhe disse: "Disseste bem, não tenho marido! [18]De fato, tiveste cinco e o que tens agora não é teu marido; nisto disseste a verdade." [19]A mulher lhe disse: "Senhor, vejo que és profeta. [20]Os nossos pais adoram sobre este monte; e vós dizeis que em Jerusalém é o lugar onde se deve adorar." [21]Jesus lhe disse: "Mulher, crê em mim, vem a hora quando nem neste monte, nem em Jerusalém adorareis o Pai. [22]Vós adorais o que não conheceis; nós adoramos o que conhecemos, porque a salvação sai dos judeus. [23]Mas vem a hora e é agora, quando os verdadeiros adoradores adorarão o Pai em espírito e verdade. E, de fato, o Pai busca esses tais adoradores dele. [24]Deus é espírito e os adoradores dele, em espírito e verdade, devem adorá-lo." [25]A mulher lhe disse: "Sei que o Messias vem, o que é chamado Cristo; quando este vier, nos anunciará todas as coisas." [26]Jesus lhe disse: "Sou eu, o que a ti está falando!" [27]E nisto, os seus discípulos chegaram e maravilharam-se que estivesse falando com uma mulher; nenhum deles, porém, disse: "O que buscas ou que dizes a ela?" [28]A mulher deixou a sua jarra e foi à cidade e disse aos homens: [29]"Vinde, vede um homem que me disse todas as coisas que fiz, este não seria o Cristo?" [30]Saíram da cidade e foram até ele. [...] [39]Muitos dos samaritanos daquela cidade acreditaram nele pelo testemunho da palavra da mulher: "Disse-me todas as coisas que fiz!" [40]Os samaritanos, quando vieram a ele, lhe pediram de permanecer com eles; e ficou ali dois dias. [41]E muitos foram os que acreditaram pela sua palavra. [42]À mulher diziam: "Não acreditamos mais pelo teu dizer; nós mesmos, de fato, ouvimos e sabemos que este é verdadeiramente o salvador do mundo."

O que diz o texto?

Jesus Cristo sabia que havia uma hostilidade histórica entre judeus e samaritanos, causada por sincretismo religioso e por ingerência política ocorrida na época de Esdras e Neemias (cf. Esd 4,1-23). Mesmo assim, retornando da Judeia para a Galileia, Jesus Cristo decidiu passar por uma cidade samaritana, próxima cerca de um quilômetro do poço de Jacó, chamada Sicar, aos pés do monte Ebal, que, provavelmente, era a antiga Siquém (cf. Gn 33,18-20; 48,21-22). A passagem de Jesus Cristo pelo território samaritano testemunha que a sua missão incluiu, também, o anúncio da Boa-Nova aos não judeus, que, ao invés de se demonstrarem hostis a ele, o acolheram com grande alegria. Esse episódio figura como uma tentativa de reconciliação.

Um fato surpreende: Jesus Cristo está fatigado e sedento. Estrategicamente ele parou junto ao poço, enquanto os seus discípulos foram à cidade comprar alimento. O cansaço pôs em evidência a humanidade de Jesus Cristo. Além disso, a referência temporal "era por volta do meio-dia" sublinha ainda mais a necessidade da água, mas serviu também para antecipar o momento em que se deu a sua crucifixão, pela hostilidade recebida dos judeus (cf. Jo 19,14).

Jesus Cristo tomou uma iniciativa insólita e não escondeu a sua necessidade diante da mulher samaritana, mas pediu a sua caridade: "Dá-me de beber!". Era normal que fossem as mulheres a pegar água no poço e, se houvesse alguém sedento, que fosse atendido em sua necessidade (cf. Gn 24,17-20; 1Sm 9,11). A mulher não se espanta diante do solicitado, espanta-se com quem solicita: um judeu. Em momento algum o texto sugere que ela não estivesse disposta a atender o pedido.

Jesus Cristo, porém, não se intimida e retoma a palavra para provocar a continuidade do diálogo. Se por um lado Jesus Cristo disse que tinha sede, por outro lado revelou que a mulher também estava cansada de buscar água no poço. Diante da hesitação da mulher, Jesus Cristo logo deu a entender que nele havia algo mais valioso a oferecer, mas condicionado ao conhecimento do dom de Deus e de quem fez o pedido. Esta água viva é salvação e vida eterna.

O dom da água viva proposto por Jesus Cristo equivale à salvação prometida por Deus contida na fonte do conhecimento: a Torá, isto é, a Lei de Deus dada através de Moisés e que os samaritanos conheciam e seguiam. A mulher samaritana não entendeu a referência e, ao que tudo indica, pensou que ele estivesse falando que era preciso alcançar o olho d'água no fundo do poço. Por isso ela disse: "Senhor, não tens vaso e o poço é profundo".

Se num primeiro momento a interpretação dessa mulher foi literal, num segundo momento ela começou a maravilhar-se com o que ouviu. Por essa razão já se sentiu livre para fazer uma pergunta e saber se estava diante de alguém maior que o seu ponto de referência: "nosso pai Jacó, que nos deu o poço e, desse, ele bebeu e seus filhos e seus rebanhos?".

A resposta de Jesus Cristo não deixou dúvidas. Ele não estava falando da água do poço, tampouco de Jacó. A água à qual Jesus Cristo fez referência possui uma qualidade insuperável: ela, além de acabar com a sede, torna-se fonte em quem dela bebe para a vida eterna. Se o poço de Jacó representava o caráter transitório da revelação, a água que Jesus Cristo propôs oferecer à mulher é, ao mesmo tempo, vivificante e vivificadora.

Que inversão! A mulher é que demonstra ser a verdadeira necessitada de vida. É ela que agora diz: "Senhor, dá-me desta água, a fim de que não tenha mais sede e não tenha que vir aqui para tirar".

Jesus Cristo conseguiu despertar um forte desejo nessa mulher, que ainda estava presa ao poço. O próximo passo de Jesus Cristo aprofundou a fé dessa mulher no conhecimento da verdade sobre Deus. Segundo o antigo costume, a continuidade do diálogo entre um homem desconhecido e uma mulher casada somente poderia acontecer na presença do marido (cf. Jz 13,2-25). Esse diálogo pode continuar porque a mulher se declarou livre de um vínculo: "Não tenho marido!". Resposta verdadeira e confirmada por Jesus Cristo.

Diante da resposta da mulher, Jesus Cristo fez uma revelação de cunho religioso e que dizia respeito não a cinco maridos carnais, mas aos deuses que foram cultuados pelos samaritanos e chamados de maridos (*baalim*), em referência ao surgimento após a deportação feita pelo rei da Assíria (cf. 2Rs 17,24-41). Com essa nova iniciativa, Jesus Cristo fez essa mulher progredir no conhecimento da verdade da fé e do verdadeiro culto.

A mulher samaritana, diante da íntima revelação que Jesus Cristo fez a seu respeito, não perdeu a ocasião para exclamar "vejo que és profeta". Dele desejou aprender mais sobre a importância do lugar sagrado na adoração de Deus. No fundo da questão estava o rancor pela destruição, por um líder judeu – o sumo sacerdote João Hircano, em 128 a.C. –, do santuário dos samaritanos que fora construído no alto do monte Garizim. A cura da ferida adveio com a revelação feita por Jesus Cristo: os verdadeiros adoradores adoram Deus em espírito e em verdade, porque Deus é espírito.

Mais uma vez a mulher samaritana surpreende com o seu conhecimento da Torá e da esperança cultivada na vinda do Messias. Maior surpresa, porém, aconteceu com a solene declaração de Jesus Cristo: "Eu sou, o que a ti está falando!". O diálogo atingiu o seu ápice. A mulher acreditou, pois, com a chegada dos discípulos, ela deixou o cântaro e retornou para a cidade, a fim de comunicar aos demais a sua grande descoberta: "Vinde, vede um homem que me disse todas as coisas que fiz, este não seria o Cristo?".

O efeito das palavras dessa mulher provocou a vinda dos samaritanos até Jesus Cristo. O versículo 8 menciona que os discípulos tinham ido até a cidade comprar alimento. Os versículos 31-38 mencionam o diálogo dos discípulos com Jesus Cristo preparado pelo versículo 27. Constata-se um forte contraste: os discípulos não aproveitaram da ocasião para evangelizar, isto é, para realizar a missão entre os samaritanos da cidade, pois se preocuparam apenas com o alimento.

Em contrapartida, a mulher voltou e anunciou Jesus Cristo. Graças a seu testemunho corajoso, colocou seus compatriotas diante de Jesus Cristo, que, ficando dois dias com eles, levou-os à fé pela declaração que fizeram: "Não acreditamos mais pelo teu dizer; nós mesmos, de fato, ouvimos e sabemos que este é verdadeiramente o salvador do mundo". A conclusão ficou clara: a salvação não se encontra nem no monte Sião, onde está Jerusalém, nem no monte Garizim, onde existiu um santuário, mas em Jesus Cristo, o adorador do Pai por excelência em espírito e em verdade.

2º Passo

A meditação ajuda a perceber e aprofundar o que o texto diz

Jesus Cristo experimentou a sede, e quando esteve junto ao poço de Jacó pediu a uma mulher samaritana, que fora buscar água com seu cântaro, que lhe desse de beber (cf. Jo 4,1-42). Por detrás dessa sede física estava, na verdade, a sede que Jesus Cristo tinha da fé dessa mulher. A sede espiritual não anulou a sede física, esta se tornou ocasião para aquela.

Dar de beber a quem tem sede é um gesto de atenção e solidariedade que requer, em meio a situações de carência, abertura para uma necessidade tão básica como a de comer. Por isso Jesus Cristo afirmou que nem um copo de água fresca seria esquecido (cf. Sl 23,2; 42,2; Pr 25,25), mas que seria digno de recompensa todo aquele que se dispusesse a oferecê-lo a um de seus discípulos (cf. Mt 10,42; Mc 9,41). A recompensa que Jesus Cristo dará a quem sacia a sede de um necessitado é sentar-se à sua direita e ser chamado "bendito de meu Pai".

No Antigo Testamento, o povo liberto do Egito murmurou contra Moisés por falta d'água no deserto. Diante dessa necessidade básica, Deus providenciou a água, que saiu da rocha fendida pelo cajado de Moisés (cf. Ex 15,22-27; 17,6).[1] O profeta Elias, diante dos pecados cometidos pelos filhos de Israel, fechou os céus e não choveu durante três anos e meio, e adveio uma grande seca (cf. 1Rs 17,1). Essa seca terminou quando o povo reconheceu que somente o Senhor é Deus (cf. 1Rs 18,41-46).

A esperança de vida no Antigo Testamento está intimamente ligada ao dom da chuva. Sem ela, os campos não podem ser fecundos e a vida não floresce. Também as cisternas não se enchem e delas seres humanos e animais não têm o que beber. Assim, desde os tempos remotos a água foi considerada o dom mais precioso.

Possuir um poço, ou viver próximo de uma nascente, era uma garantia de vida. Por isso as lutas pelo direito à água eram intensas. O dom precioso da água era vendido nas ruas de Jerusalém (cf. Is 55,1). Contudo, dar de beber ao viajante sedento era uma obrigação (cf. Gn 24,17-20) e possui um valor de proteção à vida. A sua negligência era reprovada (cf. Jó 22,7; Is 32,6). Muitas comparações bíblicas usam a água: o justo é como uma árvore plantada junto às águas correntes (cf. Sl 1,3; Jr 17,8); como uma torrente é uma bênção para o povo numa terra seca, assim é um rei justo (cf. Is 32,2).

"Como um cervo anseia por cursos de água. Assim, minha alma anseia por ti, ó Deus! Minha alma está sedenta de Deus, do

---

[1] Para aprofundamento do tema: GRENZER, 2011a, p. 9-25.

Deus vivo" (Sl 42,2-3).[2] "Deus, tu és o meu Deus. Desde a aurora te busco. Minha alma tem sede de ti, minha carne te deseja, como uma terra sedenta, árida e sem água" (Sl 63,2). Deus "transformou o deserto em lago e a terra árida em fontes de água" (Sl 107,35). "Manda a sua palavra e faz derreter; faz soprar o seu espírito e as águas fluem" (Sl 147,18).

No Novo Testamento encontra-se a continuidade com o Antigo Testamento e a água potável é um bem precioso e inestimável (cf. Mt 10,42; Mc 9,41; Lc 16,24). Matar a sede de um sedento é uma obra que manifesta bondade e misericórdia (cf. Mt 25,35.42). A água, por ser um dom precioso, foi tomada como elemento teológico de grande relevância (cf. Jo 4,7-14; 7,37-39; Ap 7,17). Na água reside um poder curativo (cf. Sl 1,3; Ez 1,24; 43,2; 47,1-12; Jo 5,4-7; Ap 1,15; 14,2; 19,6; 22,1-2).

Ao lado do pão, a água é um elemento necessário para a vida. Símbolo da purificação, a água também exige a sua preservação para vivificar e restaurar, algo que deixará de acontecer se continuar a ser contaminada pelo ser humano negligente. No mundo, milhões de pessoas ainda continuam sem acesso à água tratada e potável. Enquanto isso, outros milhões de pessoas desperdiçam tão precioso dom, sem pensar nas consequências nefastas que podem levar a um grande desequilíbrio do ecossistema, vindo eles próprios a experimentar a penúria da escassez d'água. É duro ver um sem-teto matando a sede numa poça d'água na rua.

3º Passo

O que o texto faz dizer a Deus em oração

Bendito sejais vós, Senhor nosso Deus, pois se no princípio não havia nada; se a terra era sem forma e vazia, o vosso espírito já

---

[2] Para aprofundamento do tema: FERNANDES, 2013, p. 91-121.

agitava a face das águas, comunicando vida e infundindo nelas a vossa força para vivificar e santificar.

Os rios fecundam a terra e fazem germinar toda sorte de vegetação. Graças à água, os seres vivos surgem, crescem e se desenvolvem para a vossa honra e o louvor do vosso santo Nome. Na água há vida, e a vida vem da água que criastes.

No decurso da história, a água se tornou um indiscutível símbolo e sinal da vossa presença, da vossa justiça e da vossa bondade para com tudo o que criastes. Pelas águas do dilúvio, a humanidade pecadora foi punida, mas elas também se tornaram instrumentos da vossa misericórdia na libertação do vosso povo da opressão do Egito e, por elas, a sua sede foi aplacada no deserto.

Os vossos servos, os profetas, viram na água um sinal da vossa aliança, desejo de vida para toda a humanidade, e disseram: "com alegria tirareis água das fontes da salvação" e todos os sedentos foram por vós chamados: "vinde à água".

Senhor, o vosso Filho Jesus Cristo consagrou, pelo seu Batismo, as águas do Jordão, a fim de que se tornassem um banho purificador e sinal do novo nascimento. No Batismo, o ser humano, criado à vossa imagem e semelhança, recebe a graça da filiação em vosso Filho Unigênito e participa da vossa divindade.

Neste momento de grande dor e perigo pelo mau uso que se está fazendo do dom da água, humildemente vos pedimos que, em todo ser humano, seja infundida a consciência do valor de que a água é um bem precioso que precisa ser bem cuidado e preservado para que a vida continue existindo sobre a face da terra.

Que a sede de água se torne sinal da sede de vida. Que o ser humano também use de misericórdia com a vida e as necessidades do planeta, em particular com a água, sem a qual tantos outros direitos são negligenciados.

Senhor, fonte da vida e pastor que conduz os vossos filhos e filhas às águas frescas, que todo ser humano tenha sede de vosso Filho Jesus Cristo e que se cumpra a sua palavra: "Se alguém tiver sede, venha a mim e beba. Quem crê em mim, conforme a palavra da

Escritura: de seu interior jorrarão rios de água viva", que é o vosso Espírito Santo. Que ele agite, como no início, o íntimo de cada ser humano, movendo-o ao cuidado e ao uso consciente do dom da água. Amém.

4º Passo

Na contemplação-ação o texto faz formular um compromisso de vida[3]

"As necessidades básicas nos unem e nos convidam a ajudar-nos uns aos outros, deixando de lado nossas diferenças" (PAGOLA, 2013c, p. 75). A situação atual revela que o planeta corre o sério e real perigo da escassez de água em diversas regiões. A homeostasia do planeta é lenta, isto é, a sua recuperação não ocorre com a mesma velocidade da exploração dos seus recursos, pois estes levaram milhões de anos para surgir. Este perigo está intimamente ligado à forma e ao descaso com que os recursos naturais estão sendo usados, para não dizer explorados indevidamente.

Verifica-se que o consumo e o desperdício de água ocorrem, principalmente, nos países mais dotados e desenvolvidos, isto é, nos setores mais ricos da sociedade. Quem sempre viveu com pouca água sabe, perfeitamente, que não se pode desperdiçá-la. Uma negligência, nesse sentido, não apenas reduz o ser humano ao mais alto nível de pobreza, mas o condena à morte. Como me relaciono com os recursos hídricos? Tenho sido uma pessoa consciente? Já fiz experiência da sede diante da falta de água?

Os seres vivos, plantas, animais e humanos, dependem da água. Sem a água limpa e apta ao consumo a vida em todos os seus níveis fica profundamente comprometida. As fontes de água doce são indispensáveis à vida, mas estão sendo usadas de forma inadequada por diferentes segmentos na sociedade. Sem a adoção urgente de políticas públicas, chegará o momento em que a oferta dos recur-

---

[3] Reflexões e citações pautadas na encíclica do Papa Francisco *Laudato Si'*, n. 27-31.

sos hídricos será menor que a demanda. Isso ocasionará uma realidade insustentável para a vida e um verdadeiro colapso social trará a morte em níveis nunca vistos. Enquanto não percebo a ação de políticas públicas conscientes e responsáveis, que práticas posso assumir no combate ao desperdício da água tratada?

"Um problema particularmente sério é o da qualidade da água disponível para os pobres, que diariamente ceifa muitas vidas. Entre os pobres, são frequentes as doenças relacionadas com a água, incluindo as causadas por micro-organismos e substâncias químicas. A diarreia e a cólera, devido a serviços de higiene e reservas de água inadequados, constituem um fator significativo de sofrimento e mortalidade infantil." Sei fazer das necessidades alheias uma ocasião para a prática da caridade? Cultivo a preocupação pelos mais pobres e me disponho a ajudá-los com meus próprios recursos?

"Este mundo tem uma grave dívida social para com os pobres que não têm acesso à água potável, porque isto *é negar-lhes o direito à vida radicado na sua dignidade inalienável.* Esta dívida é parcialmente saldada com maiores contribuições econômicas para prover de água limpa e saneamento as populações mais pobres. Entretanto, nota-se um desperdício de água não só nos países desenvolvidos, mas também naqueles em vias de desenvolvimento que possuem grandes reservas. Isto mostra que o problema da água é, em parte, uma questão educativa e cultural, porque não há consciência da gravidade destes comportamentos num contexto de grande desigualdade."

Se a exploração desenfreada dos recursos minerais já levou à escassez dos mesmos em muitos países, o que não acontecerá com a indevida exploração dos recursos hídricos? Pode-se viver sem minério de ferro, sem diamantes, sem ouro, sem carvão, mas não se pode viver sem água! Quantos países deixaram de se desenvolver pela forma como as suas riquezas minerais foram exploradas? Nota-se que muitos países eram pobres de certos recursos, mas imensamente ricos de recursos hídricos. Nem por isso estão guardando sua riqueza! Contudo, nota-se também que, por um lado, são vítimas de exploração de empresas oportunistas e, por outro lado, vítimas do mau uso e do descaso com os recursos hídricos que possuem.

Se por um lado o acesso à água está cada vez mais controlado por gestão pública, por outro lado empresas privadas exploram os recursos hídricos com fins espúrios e meramente econômicos: é a privatização de um essencial direito humano ter acesso à água potável. Sem a garantia do direito à água limpa e potável outros direitos são violados, alienados, e o seu exercício, impedido.

"Em muitos lugares, os lençóis freáticos estão ameaçados pela poluição produzida por algumas atividades extrativistas, agrícolas e industriais, sobretudo em países desprovidos de regulamentação e controles suficientes. Não pensemos apenas nas descargas provenientes das fábricas; os detergentes e produtos químicos, que a população utiliza em muitas partes do mundo, continuam sendo derramados em rios, lagos e mares." Isso tem destruído diversos ecossistemas e causado situações que já se tornaram irreversíveis. A escassez hídrica trará a escassez de alimentos provenientes do campo e da pecuária de gado graúdo e miúdo.

No mundo, onde existem grandes centros urbanos, já se constatam os efeitos do mau uso dos recursos hídricos, pois os reservatórios estão cada vez mais baixos. Os períodos de seca estão cada vez mais fortes, intensos e longos, o que traz sérias consequências, principalmente o aumento de pobreza. Se não houver uma forte conscientização de todas as camadas sociais, a gravidade do problema não será apenas das regiões onde a escassez sempre foi maior, mas afetará as regiões onde sempre houve abundância de água.

A vida na cidade esconde muita coisa e, por incrível que pareça, muitas famílias não têm acesso à água tratada e potável.

Enquanto isso, em diversos locais a água é desperdiçada por pura negligência. Esse dom precioso, sem o qual não há vida, corre o risco de ser reduzido a cotas mínimas, podendo levar milhões de pessoas à morte pela sede. Duro golpe seria morrer de sede diante de uma fonte contaminada. Já parei para pensar nessa possibilidade?

Dar de beber a quem tem sede é inclinar-se com amor em favor do sedento, mas é também assumir um compromisso com o uso responsável e consciente da água limpa e potável, principalmente não contaminando os mananciais. O que cada um faz, particularmente com a água, pode contribuir de modo favorável ou desfavorável com a inteira família humana. Na sede de água pode se revelar a sede de Deus e da sua justiça. Estou consciente disso?

Então, que atitudes cada ser humano consciente deve realizar para que a escassez de água seja afastada e, com ela, os terríveis impactos ambientais que assolariam milhões de seres vivos? Tenho consciência do problema e que esse risco não pode, simplesmente, ser delegado a terceiros?

7. Lc 9,57-58:
"Peregrino sem ter onde reclinar a cabeça"

Breve introdução

"No seguimento de Jesus Cristo, aprendemos e praticamos as bem-aventuranças do Reino, o estilo de vida do próprio Jesus: seu amor e obediência filial ao Pai, sua compaixão entranhável frente à dor humana, sua proximidade aos pobres e aos pequenos, sua fidelidade à missão encomendada, seu amor serviçal até à doação de sua vida. Hoje, contemplamos a Jesus Cristo tal como os Evangelhos nos transmitem para conhecermos o que ele fez e para discernirmos o que nós devemos fazer nas atuais circunstâncias" (*Documento de Aparecida*, n. 139).[1] Além disso, não podemos esquecer que Jesus Cristo foi imigrante e peregrino, enquanto viveu entre nós; mas, ressuscitado, continua essa sua presença, caminhando entre os pobres, em particular nos numerosos homens, mulheres e crianças que estão vivendo nessa condição, muitas vezes vítimas da maldade e da intolerância. A esperança de um peregrino é ser acolhido e contar com o respeito das pessoas.

1º Passo
Leitura do Evangelho segundo Lucas 9,57-58

[57]Enquanto eles andavam pelo caminho, alguém lhe disse: "A ti seguirei por onde fores". [58]Então, Jesus lhe disse: "As raposas têm suas tocas e os pássaros seus ninhos, mas o Filho do Homem não tem onde repousar a cabeça".

---

[1] CELAM, 2008.

O que o texto diz?

A referência ao caminho indica que Jesus Cristo e seus discípulos não apenas estavam se movimentando pelo território da Palestina, mas estavam a caminho de Jerusalém. Lc 9,51 é um divisor das etapas do ministério público de Jesus Cristo e, neste versículo, afirma-se que ele tomou a firme decisão pelo caminho de Jerusalém. Com isso, o evangelista abriu uma nova e longa etapa na vida de Jesus Cristo e dos seus discípulos (Lc 9,51–18,14), que culminou com a chegada a Jerusalém (cf. Lc 19,28.41.45), palco sobre o qual viveu o mistério da sua Paixão, morte, ressurreição, aparições e ascensão aos céus.

É na dinâmica do caminho e da aparente decisão que uma pessoa, não mencionada por nome,[2] interceptou Jesus Cristo e seus discípulos, demonstrando-se disposto a segui-lo para qualquer lugar. Pela forma como se declarou, tal pessoa pareceu convencida do seu propósito, pelo qual manifestou o seu desejo de seguir Jesus Cristo como um dos seus discípulos.

Diante da firme proposta dessa tal pessoa, Jesus Cristo não entrou em detalhes acerca do seu projeto de vida, mas, jogando limpo com ela, fez uma afirmação capaz de oferecer um critério para que ela pudesse avaliar seu desejo. Seguir Jesus Cristo não pode ser fruto de um mero entusiasmo, mas da liberdade que o ser humano possui para fazer ou não fazer, aceitar ou não aceitar seguir o Filho do Homem, isto é, o critério que orienta e dá sentido à vida.

A imagem contida na resposta de Jesus Cristo à pessoa evoca, por certo, o que se observava ao longo do caminho: as raposas em suas tocas e os pássaros dos céus em seus ninhos. Imagens que representam as condições mínimas e necessárias de abrigo e prote-

---

[2] No texto paralelo (cf. Mt 8,19-20), a pessoa que deseja seguir Jesus Cristo é um escriba. Jesus Cristo, porém, não é um rabino que se deixa escolher, é ele quem escolhe os seus discípulos e os chama ao seguimento.

ção. Na perspectiva do mistério pascal, Jesus Cristo não invalidou a decisão dessa pessoa, mas não permitiu que na base estivesse mero entusiasmo. O seguimento de Jesus Cristo não implica somente relação com ele, mas com o grupo dos seus discípulos, isto é, exige vida de comunhão e contínua disponibilidade para deixar qualquer lugar em prol da evangelização.

Jesus Cristo, ao dizer "mas o Filho do Homem não tem onde repousar a cabeça", afirmou, claramente, que ao longo do caminho ele não tinha como oferecer o mínimo desejado em qualquer viagem e que podia não contar com a hospitalidade das pessoas. Com isso, colocou um grande obstáculo ao seguimento, mas ao mesmo tempo revelou que sua vida e a dos seus discípulos encontram-se nas mãos de Deus previdente e providente (cf. Mt 6,25-34).

O conteúdo da fala de Jesus Cristo, por outro ângulo, lembra as dificuldades contidas no relato do seu nascimento (cf. Lc 2,7); também permite pensar na sua humana condição de peregrino, colocando-se na dependência de quem lhe oferecesse um lugar para descansar. Nem sempre Jesus Cristo encontrou amigos como os de Betânia: Lázaro e suas irmãs, Marta e Maria (cf. Lc 10,38-41; Jo 11,1-54). O mesmo vale para os seus discípulos que não possuem residência fixa neste mundo, mas são peregrinos enquanto realizam a missão evangelizadora.

Depreende-se da resposta de Jesus Cristo que não houve aceitação ou rejeição da proposta que lhe foi dirigida. Houve, sim, seriedade na sua resposta. Isso representa muito mais do que a segurança de uma toca para as raposas ou de um ninho para os pássaros, onde se pode buscar abrigo diante do perigo. Na fala de Jesus Cristo está o sentido do discipulado: comunhão de vida com o Mestre equivale a assumir o destino do Mestre: a rejeição e a cruz!

A vocação cristã, como na época de Jesus Cristo e dos primeiros discípulos, exige seriedade, empenho e renúncia. Os cristãos de todos os tempos vivem uma disponibilidade incondicional, por amor a Jesus Cristo, acentuando a liberdade do "sim" dado no seguimento. O empenho na cooperação e difusão da salvação, que Deus operou pela humanidade em Jesus Cristo, continua evidenciando o valor das exigências evangélicas do desapego e da total confiança nas mãos de Deus.

"Seguir Jesus é toda uma aventura. Ele não oferece segurança ou bem-estar aos seus. Não ajuda a ganhar dinheiro ou adquirir poder. Seguir Jesus é 'viver a caminho', sem instalar-nos no bem-estar e sem buscar um falso refúgio na religião. Uma Igreja menos poderosa e mais vulnerável não é uma desgraça. É o melhor que nos pode acontecer para purificar nossa fé e confiar mais em Jesus" (PAGOLA, 2012, p. 164).

2º Passo

A meditação ajuda a perceber e aprofundar o que o texto diz

Na Sagrada Escritura, a condição de peregrino é uma dura realidade, porque o coloca vulnerável ao tempo, aos locais e às pessoas que encontra pelo caminho. A história dos antepassados do antigo Israel teve início com a vocação e a missão de Abraão no contexto da sua condição de imigrante e peregrino (cf. Gn 11,31–12,3). Lc 9,57-58 contempla a vocação e a condição de peregrino.

Abraão, ao acolher o chamado de Deus, tornou-se um peregrino, juntamente com sua esposa Sara, seu sobrinho Ló, seus servos e seus rebanhos. Um vasto território foi percorrido: de Ur a Harã, de Harã a Canaã, de Canaã ao Egito, até que voltassem e se instalassem em Canaã (cf. Gn 13,12). O que impulsionou Abraão como peregrino foi a bênção e a dupla promessa de Deus: descendência e terra. Símbolos geradores de estabilidade e de condições necessárias de vida. Mas de que adiantaria uma descendência numerosa sem terra? E de que adiantaria a posse da terra sem descendência?

Abraão e sua família, de certa forma, se tornaram símbolos de todos os que buscam não apenas sobreviver, mas também encontrar as condições mínimas para viver com dignidade. A história dos descendentes de Abraão e Sara continuou, segundo a narrativa bíblica, com Isaac e Rebeca, Jacó e seus filhos.[3] Uma particular ênfase foi dada a José, que, levado contra a vontade para o Egito, se tornou o estrangeiro próspero fora do seu país. Além disso, graças a José toda a sua família conseguiu ser salva da carestia que assolava a região.[4]

O relato mais comovente de peregrinação na Bíblia está concentrado no êxodo do Egito. No início desse relato, Moisés, no momento do nascimento de seu filho, assume sua condição de peregrino em terra estrangeira (cf. Ex 2,22; 18,3). Após um longo período de opressão, os filhos de Israel peregrinaram durante quarenta anos pelo deserto antes de entrar e tomar posse da terra prometida.

Essa experiência se tornou determinante não apenas para o antigo Israel, mas passou a ser vista como sinal de esperança para todos os que vivem debaixo do jugo da opressão e almejam a libertação. Durante todo o tempo que ficaram no deserto, os libertos do Egito e a geração que nasceu no deserto experimentaram a presença previdente e providente de seu Deus libertador: o único que pode garantir a vida onde, humanamente dizendo, ela não tem como acontecer.

---

[3] Isaac, além de ter nascido e crescido em Canaã, foi o único que não deixou a terra nem mesmo diante da condição de carestia. Deus lhe assegurou a sobrevivência e, com isso, o direito à terra ficou garantido para os descendentes (cf. SKA, 2015, p. 41-42).

[4] Gn 47,13-26 é um texto particularmente relevante para a compreensão do protagonismo de José em relação ao Egito e ao traslado de seu pai, Jacó, e seus irmãos para essa terra. Para aprofundamento: FERNANDES, 2014, p. 113-133.

O período do deserto foi uma etapa transitória, mas foi também um tempo oportuno e necessário para que o povo eleito pudesse se preparar para a concretização da promessa divina: habitar numa terra boa e fértil, terra em que corre leite e mel. Novamente se percebe o desejo humano de encontrar um local condizente para se instalar e viver com dignidade.

A experiência do antigo Israel, como peregrino pelo deserto, se tornou um modelo para os que acreditam em Deus e leem as Escrituras como inspiradas e como fonte de inspiração para a própria vida. De fato, neste mundo todo ser humano é um peregrino. Ainda que busque um local para se fixar e viver, a condição de peregrino é uma realidade constante e que revela a importância e o valor da mobilidade para vencer os riscos do sedentarismo. O próprio Deus prefere a mobilidade à sua instalação em um templo (cf. 2Sm 7,1-17).[5]

O Antigo Testamento relata ainda outras experiências de peregrinação forçada devido à perda da terra. A mais dura foi o exílio na Babilônia. As causas foram várias, mas, pela perspectiva teológica dos textos, a infidelidade a Deus foi o que levou o antigo Israel a perder a terra e a viver na dispersão. Essa experiência encontra-se presente em diversos textos bíblicos nos quais são relatadas as duras condições de vida no exílio (por exemplo: Sl 137,1 e o livro das Lamentações). Deste momento em diante, o antigo Israel precisou afirmar sua identidade religiosa e se reinventar para sobreviver em um ambiente hostil.

O exílio, contudo, não foi uma experiência totalmente negativa. Graças ao exílio, a fé no Deus único se firmou e se espalhou pelas regiões nas quais os deportados se instalaram. Houve, com isso, um grande intercâmbio cultural e até mesmo a fé do antigo Israel ganhou novos conteúdos e importantes aprofundamentos. O livro de Tobias é uma fonte e um bom exemplo no que diz res-

---

[5] Para aprofundamento da afirmação: FERNANDES, 2012a, p. 1438-1464.

peito à compreensão das obras de misericórdia corporal. Nesse livro pode-se perceber, dentre tantas coisas, o interesse do pai, Tobit, pela formação íntegra do filho, Tobias, ensinando que a força de um homem está na prática da justiça e da piedade.

A confiança em Deus providente nas adversidades é a principal mensagem do livro de Tobias. Essa confiança é demonstrada através das obras de misericórdia. O pai, Tobit, dava de comer ao faminto, vestia os nus, acolhia os peregrinos e, principalmente, sepultava os mortos. No livro, são encontradas várias orações que manifestam a importância da piedade e a certeza de que Deus não desampara os que nele confiam. Tobias é um filho que aprendeu a honrar pai e mãe e, depois que estes morreram, assistiu os sogros até que morressem. Nesse sentido se aplicaria bem um ditado popular de forma bem positiva: "Tal pai, tal filho". O ambiente familiar é essencial para a correta compreensão do livro de Tobias e da sua mensagem (VÍLCHEZ LÍNDEZ, 2006, p. 37-38).

O livro de Tobias representa a qualidade da *fé*: operosa em obras de *esperança* e de *caridade*. Essas três virtudes teologais são o alicerce da vida cristã e sem elas a vida se torna muito difícil, principalmente para quem vive a fé como peregrino. Um sentido novo, porém, pode surgir quando se assume Jesus Cristo como modelo de vida, pois se aceita que ninguém, nesta vida, possui uma morada definitiva. Todos são peregrinos, rumo à Jerusalém celestial.

Uma vida modelada, a exemplo de Jesus Cristo, concede uma nova compreensão diante da condição de peregrino, particularmente quando alguém se faz peregrino por causa do Evangelho. A missão torna-se expressão da condição de peregrino assumida pela fé. O que motiva é o desejo de anunciar Jesus Cristo e levar a sua mensagem de salvação para todos os que ainda não o conhecem. Nesse sentido, ser peregrino equivale a um estado de vida, e o seu acolhimento revela abertura e interesse pelo que ele representa: um sinal de Deus.

A experiência dos discípulos de Emaús é um bom exemplo (cf. Lc 24,13-35). Jesus Ressuscitado se faz caminhante com dois discípulos que regressam desalentados com tudo o que aconteceu naqueles dias em Jerusalém: presenciaram a sentença e a morte de Jesus de Nazaré. Nele haviam depositado a fé e a esperança de transformação: a restauração de Israel.

Na dinâmica do caminho, Jesus Ressuscitado os interceptou e foi tido como um peregrino desinformado, o que deu condições para que fossem evangelizados e tivessem os seus corações novamente aquecidos para reconhecê-lo vivo no partir do pão. A chama da fé reacendeu e a missão foi retomada na dinâmica da vida comunitária, pois o Senhor está vivo! O episódio de Emaús possui uma forte relação com Lc 9,57-58 porque mostra o sentido do chamado feito por Jesus Cristo que confirma a fé dos vacilantes e os recoloca no caminho da comunidade, na qual todos os discípulos, juntos, possam compreender que ele está vivo.

3º Passo

O que o texto faz dizer a Deus em oração (Sl 39)

[2]Quero vigiar sobre os meus caminhos,
para não pecar com a minha língua;
guardar minha boca com um freio,
enquanto o ímpio estiver diante de mim.
[3]Permaneci mudo, em silêncio,
calando até o bem e a minha dor lanhou-me.
[4]Ardia o meu coração em mim;
enquanto meditava, queimava-me um fogo.
Falei com a língua.
[5]Faze-me conhecer, Senhor, o meu fim
e qual há de ser a medida dos meus dias.
Quero conhecer o quanto sou efêmero!
[6]Eis que, como a palma da mão
se fizeram breves os meus dias
e a minha existência é como um nada diante de ti.

De fato, tudo é vaidade; cada ser humano que vive.

[7]O homem se esvai como uma imagem.

Por nada se agitam, acumulando bens

e não conhece quem os recolherá.

[8]E agora, que espero, Senhor?

Em ti está a minha esperança.

[9]Liberta-me de todas as minhas culpas,

não faça de mim um ultraje do estulto.

[10]Permaneço mudo; não abro a boca;

porque tu fizeste.

[11]Afasta de mim os teus flagelos;

pelo peso da tua mão estou esvaecendo.

[12]Com reprovações pela culpa, corrigiste o homem

e o que retém algo precioso foi consumido.

Por certo, é vaidade todo ser humano!

[13]Ouve a minha oração, Senhor.

Dá ouvidos ao meu grito.

Não sejas surdo às minhas lágrimas,

porque, junto a ti, eu sou um peregrino,

como todos os meus pais.

[14]Desvia de mim o olhar e retome o alento,

antes que parta e deixe de existir.

4º Passo

Na contemplação-ação o texto faz formular um compromisso de vida

Os movimentos humanos em busca de melhores condições de vida (transumância) sempre existiram, mas, de tempos em tempos, eles ficam mais acentuados por causa de diversos fatores. Se não fosse a transumância, os continentes não teriam sido povoados há milhares de anos, desde que os primeiros grupos humanos partiram da África e foram na direção das regiões em torno do Mediterrâneo. Considero o mundo a casa comum? Tenho zelo por ela?

Deixar a própria casa e a própria terra não é algo fácil. Isto significa deixar o que é seguro para aceitar o desconhecido, mas também pode ser sinal de busca de segurança e de melhores condições de vida. Foi o que aconteceu no passado e tem ocorrido fortemente nos últimos anos. Nota-se que a violência e as diferentes formas de intolerância, até mesmo religiosa, têm obrigado muitas pessoas a deixar a própria pátria, arriscando a própria vida ao empreender um longo caminho para atravessar tanto o mar como o deserto em busca de um país que lhes dê, no mínimo, o direito de sobreviver. Como tenho recebido as notícias sobre as imigrações? Como tenho me deixado guiar pela mensagem salvífica das Escrituras?

A condição de peregrino permanece enquanto um emigrante ou um imigrante não consegue se instalar em um local. Enquanto não encontrar um lugar fixo, o emigrante e o imigrante são considerados peregrinos. Tenho consciência do meu papel de fraternidade junto aos peregrinos, emigrantes e imigrantes? Ou tenho sido omisso?

No geral, as fronteiras estão muito vigiadas, cercadas ou com altos muros, a fim de se evitar o ingresso de imigrantes. É um modo de sinalizar negativamente o direito de imigração. Contudo, quando um peregrino, na condição de migrante, é acolhido, se reconhece, primeiramente, que ninguém é, no fundo, dono da própria terra e que a soberania de um país não se anula, porque a terra, para quem professa a fé na existência de Deus, é um bem universal que deve servir para realizar o ser humano, segundo os planos de Deus. Como assumo o meu papel diante das políticas públicas que negam a abertura das fronteiras?

A história dos países, de modo geral e em suas diferentes fases, se funde com a história de inúmeros imigrantes. Todos os dias, praticamente, ouvem-se as notícias sobre o grande número de pessoas que tentam chegar à Europa, aos Estados Unidos da América e, na última década, ao Brasil. Basta pensar nos haitianos, nos peruanos, nos bolivianos etc. Como tenho reagido às notícias? Que ações concretas posso realizar em favor dos imigrantes?

É um grave problema social que clama por solidariedade e partilha dos bens. Muitos se tornam migrantes para fugir da fome e da sede que já se instalaram em suas regiões ou em seus países. Existe, também, fuga em massa por causa de guerras, de violências e de situações inadmissíveis. Outros apenas buscam melhores salários. Deixar a própria terra e, nela, a família é uma dura realidade, que poderia ser evitada se cada um tivesse, no seu próprio país, as condições necessárias para viver e se desenvolver com dignidade. O problema é grande, mas a caridade é maior! Como tenho cultivado a prática da caridade?

A experiência de ser estrangeiro pode ser boa ou ruim, dependendo do modo como se é ou não acolhido no local em que os imigrantes buscaram para viver. É uma experiência mundial e possui diversas causas. A falta de recursos mínimos para sobreviver é a principal causa de inúmeras migrações. Estou consciente disso? Faço da minha consciência um espaço aberto para acolher o peregrino em suas necessidades básicas?

Na verdade, todo ser humano, de certa forma, é um peregrino dependente de acolhida. Se por um lado acolher um imigrante pode ser um ganho, do ponto de vista cultural, por outro lado pode, exatamente pelas fortes diferenças culturais, representar um grande desafio, pois a assimilação cultural torna-se um movimento inevitável. Além disso, sempre existe o risco de acontecer a exploração dos imigrantes, reduzindo-os a condições de verdadeira escravidão. Isso não acontece quando se aceita o outro como irmão. Para além do dado da fé, acolho o peregrino com fraternidade humana?

Na revelação bíblica, o ser humano vive em meio à realidade visível e temporal, mas acredita que tudo o que existe está profundamente marcado pela presença e pela ação de Deus. A fé em Deus não é um dado alienante, mas penetra toda a realidade e abre o ser humano para o infinito. Essa abertura torna-se uma busca pelo absoluto, razão pela qual o ser humano se torna um peregrino do absoluto. Então, ser peregrino assume um novo sentido diante do que se verifica transitório nesta vida e se torna um forte símbolo religioso de desapego. Assumo minha condição de peregrino do absoluto? Faço da minha vida um lugar de encontro com o próximo, valorizando a experiência de Deus que cada um carrega consigo? Respeito o direito religioso dos que não professam a mesma fé?

Acolher o peregrino é uma obra de misericórdia corporal que possui várias causas e enfoques. No caso citado em Mt 25,31-46, o primeiro nível de compreensão dizia respeito ao discípulo que viveu na condição de peregrino por causa de Jesus Cristo e do seu Evangelho. Na igreja primitiva, a missão evangelizadora era realizada por discípulos peregrinos que tudo deixavam e abriam mão de morada fixa para anunciar pelo mundo a salvação em Jesus Cristo. Por extensão, porém, todos os batizados que vivem a condição de peregrinos se tornam alvo dessa obra de misericórdia. Como tenho vivido a exigência de Jesus Cristo "fui peregrino e me acolheste?". Reconheço no peregrino a face de Jesus Cristo necessitado de acolhimento?

Hoje, muitas pessoas peregrinam pelas cidades porque não têm onde morar; são sem-teto que buscam se abrigar debaixo de marquises e pontes. Cada um tem a sua própria história de dor, sofrimento e experiência de indigência. O número dessas pessoas tem se multiplicado muito nos últimos anos com o aumento da miséria. Muitas delas nem sequer querem deixar essa situação. Como tenho me empenhado na promoção da justiça social?

Nota-se que as políticas públicas, quando existem na prática, não conseguem atender com dignidade essas pessoas. A caridade urge, mas de forma mais inteligente e que seja capaz de ir além da assistência imediata, isto é, uma caridade que seja capaz de devolver a essas pessoas a chance de serem reabilitadas e devolvidas à sociedade com perspectiva de vida digna. Sem trabalho, saúde e moradia, as ações sociais são paliativas, pois não ajudam a sair da situação de indigência. Conheço as obras sociais e caritativas da minha comunidade? Como procuro me integrar nesse trabalho em prol da luta contra a miséria e a indigência?

8. Tg 2,14-17:
"A fé sem obras é morta"

Breve introdução

Em sua Palavra e em todos os sacramentos, Jesus nos oferece um alimento para o caminho. A Eucaristia é o centro vital do universo, capaz de saciar a fome de vida e felicidade: "Aquele que se alimenta de mim, viverá por mim" (Jo 6,57). Nesse banquete feliz, participamos da vida eterna e, assim, nossa existência cotidiana se converte em Missa prolongada. Porém, todos os dons de Deus requerem disposição adequada para que possam produzir frutos de mudança. Especialmente, exigem de nós espírito comunitário, que abramos os olhos para reconhecê-lo e servi-lo nos mais pobres: "No mais humilde encontramos o próprio Jesus". Por isso, São João Crisóstomo exortava: "Querem em verdade honrar o corpo de Cristo? Não consintam que esteja nu. Não o honrem no templo com mantos de seda enquanto fora o deixam passar frio e nudez". (*Documento de Aparecida*, n. 354)

1º Passo
Leitura da Carta de Tiago 2,14-17

[14]Qual é o proveito, meus irmãos, que um diga que tem fé, se não tem obras? Por acaso a fé poderá salvá-lo? [15]Se um irmão ou irmã estão sem roupa e falta-lhes a comida diária, [16]e um de vós diz: "Ide em paz, aquecei-vos e saciai-vos"; porém, não lhes dá o necessário para o corpo, qual será o proveito? [17]Assim, também, é a fé, se não tem obras, está em si mesma morta.

O que o texto diz?

O caráter profundamente cristão da Carta de Tiago aparece em várias passagens, principalmente nos pontos de contato com a mensagem contida nos Evangelhos: esperança na segunda vinda do Senhor, como elemento motivador (cf. Tg 5,7); deduz, do mandamento principal de Deus, as exigências do amor ao próximo (cf. Tg 1,19-21; 1,27; 2,15; 4,11-12; 5,1-6) e conhece a dialética que pode ocorrer entre a fé e as obras (cf. Tg 2,14-26).

Não basta escutar a Palavra de Deus, é preciso colocá-la em prática, mostrando a fé atuante pela caridade. Na Carta de Tiago sobressai a teologia da pobreza. É um apelo enérgico para que se coloque em prática, com coerência, as exigências concretas que derivam das bem-aventuranças relativas aos pobres (cf. Mt 5,3; Lc 6,20), pelas quais se demonstra a caridade fraterna para com os menos favorecidos da comunidade (cf. Tg 2,1-13). A proposta teológica contida na carta reflete um projeto de vida condizente com a fé recebida no Batismo, traduzida pela ética que orienta a vida e prepara o fiel para a vinda de Jesus Cristo.

O ensinamento de Tiago sobre a relação entre fé e obras possui uma diversificada e longa história de interpretação. De antemão, deve-se dizer que não existe uma contraposição entre o seu ensinamento e o do apóstolo Paulo (cf. Rm 3,28 em confronto com Tg 2,24). Por um lado, Paulo tem como objetivo os cristãos, oriundos do Judaísmo, que buscavam a sua salvação nas "obras da lei". A esses Paulo contrapôs a salvação operada em Jesus Cristo e acolhida na fé (cf. Gl 2,19-21). Paulo não nega o valor das obras e as compreende como fruto da fé (cf. Gl 5,6), e que é vã se não for operada no amor (cf. 1Cor 13,2). Por outro lado, Tiago tem em mira os que vivem uma fé desencarnada da realidade, isto é, sem obras, afirmando o caráter histórico da fé que deve ser calcada na vida e de acordo com a exortação feita por Jesus Cristo (cf. Mt 7,21-27; 25,31-46).

Tiago proclama o amor. As obras às quais se refere são gestos que conduzem ao amor que se inclina concretamente sobre o próximo em suas necessidades. Disso resulta que a fé é morta se não expressa o amor verdadeiro e realizado na lei da liberdade (cf. Tg 2,12). Sobre o valor da pobreza e do amor para com o próximo, Tiago propõe a reflexão sobre a relação entre fé e obras. Esses dois termos são repetidos com notória frequência.

Diante da Palavra de Deus não basta ser ouvinte (cf. Tg 1,19-27), tampouco basta dizer que se tem fé se esta não pode salvar se estiver morta em si mesma, isto é, sem obras. O exemplo dado não poderia ser mais concreto e provavelmente foi escolhido segundo atitudes tomadas no seio da própria comunidade: "e um de vós diz". Em Tg 2,2-3, a questão já havia aparecido no confronto entre as atitudes tomadas em relação a um rico e um pobre.

Embora o caso seja apresentado de forma casuística, a realidade citada é concreta. Um irmão ou uma irmã que não tenha o que vestir ou com o que se alimentar, isto é, sem o pão de cada dia, aguarda dos irmãos mais abastados da comunidade a caridade e não apenas uma ordem: "Ide em paz, aquecei-vos e saciai-vos". A ordem é eficaz se o irmão ou a irmã necessitada sai da presença de quem ordena com a veste no corpo e com a comida na sacola.

A caridade beneficia não somente quem a recebe, mas principalmente quem a pratica. Ao mesmo tempo ela é sinal da fé de quem recebe e de quem pratica a caridade. Pela fé, um irmão ou uma irmã acreditam que Deus, através dos irmãos da comunidade, proverá o necessário. De igual modo, quem possui os meios para fazer a caridade manifesta que tem fé se a concretiza. Nesse sentido, a fé e as obras se tornam proveitosas para toda a comunidade que sabe tratar os mais necessitados pela caridade dos mais abastados.

Deus, que é um só, é o mesmo para quem tem como para quem não tem o necessário para viver. As atitudes de Abraão (cf.

Gn 22,1-18) e de Raab (cf. Js 2,9-11) são citadas como exemplo de quem colocou sua fé em Deus e soube ler sua presença nos acontecimentos da história. Assim, fé e obras são duas realidades que, para serem concretas, precisam cooperar em sinergia uma com a outra. Fé e obras juntas atestam que Deus é a origem de ambas e que a salvação acontece por meio da fé viva e operosa.

O que Tiago disse revela o fundamento teórico de uma exortação prática. Não nega que a fé possa existir sem as obras, mas para o bem de cada cristão e de toda a comunidade não deve ser reivindicada sem grandes prejuízos. Se a fé conduz à obediência a Deus, as obras são o testemunho dessa obediência, atestando que a vontade de Deus está sendo feita. Nisso se realiza o terceiro pedido do Pai-Nosso.

A fé é um dom de Deus que serve ao fiel enquanto está nesta vida. Por ela acontece a abertura para o sentido da plenitude da vida em Deus. Enquanto peregrinos do absoluto, o fiel, pela fé operosa na caridade, experimenta o antegozo da eternidade com Deus. Assim, a fé alimenta a esperança do encontro face a face que só acontecerá à medida que cada fiel for se configurando a Deus, nesta vida, pela caridade.

2º Passo

A meditação ajuda a perceber e aprofundar o que o texto diz

A nudez é parte da natureza humana (cf. Gn 2,25), mas se tornou símbolo da perda da graça original e foi a primeira consequência desastrosa que nossos progenitores, chamados de Adão e Eva, experimentaram após desobedecerem a Deus (cf. Gn 3,7.10-11). Desse momento em diante, a nudez passou a ser sinal do corpo exposto às diversas formas de fragilidades, de privação e de tudo o que atenta contra a vida. Deus, porém, não deixou o homem e a mulher, criados à sua imagem e semelhança, sem a devida proteção, mas fez para eles "túnicas de pele" (cf. Gn 3,21). Deus, segundo esse relato bíblico, foi o primeiro a vestir quem estava nu.

O ser humano vem nu a este mundo (cf. Jó 1,21; Ecl 5,14). As passagens bíblicas que falam da nudez são muitas e indicam, para além da real condição humana, que ela é fruto de uma privação causada por guerras (cf. 2Cr 28,9-15; Is 20,4), por diversas formas de violência (cf. Jó 22,6; 24,7.10), por abusos sexuais (cf. Lv 18; 20), mas também aparece como sinal profético do castigo que Deus impôs aos inimigos do seu povo (cf. Is 20,2-3). Por essas razões, vestir quem está nu tornou-se, inspirando-se no próprio Deus que não abandonou a sua decaída criatura, uma obra de misericórdia (cf. Tb 1,17; 4,16; Jó 31,19-20; Ez 18,7.16).

Descobrir a nudez física de uma pessoa é uma violenta desonra, digna de punição. Foi o que aconteceu com Cam, filho de Noé, por ter visto a nudez de seu pai, que foi coberta pelos dois outros filhos (cf. Gn 9,22-23). Os sacerdotes investidos tinham de tomar cuidado ao subir ao altar a fim de que sua nudez não fosse vista (cf. Ex 20,26). No livro do Levítico, os capítulos 18 e 20 proíbem que se descubra a nudez de diversos tipos de parentes.

Dt 28,48 afirma que a nudez, juntamente com a fome, a sede e outras privações são maldições que ocorreriam contra o antigo Israel se a aliança fosse violada. Lm 1,8 afirma que isso aconteceu quando Jerusalém foi destruída pelo exército de Nabucodonosor. Uma sentença parecida foi dirigida pelo profeta Isaías contra a Babilônia pelo excesso de crueldade usada nas suas ações contra Jerusalém (cf. Is 47,3). Naum (3,5) e Habacuc (2,15) usam a mesma imagem para descrever a ação de Deus contra Nínive, capital do Império Assírio, que tanto mal fez contra o antigo Israel.

A ternura de Deus por Jerusalém é descrita de outra forma na profecia de Ezequiel, na qual uma relação se estabeleceu de modo metafórico: Deus é o pai adotivo de Jerusalém, que é descrita como uma criança abortada, jogada pelo caminho ainda com o cordão umbilical e toda cheia de sangue, isto é, pronta para morrer. Deus a viu, por ela se enterneceu, cobriu sua nudez e cuidou dela com muito amor e carinho. Acompanhou as fases do seu crescimento e se apaixonou por ela, embelezando-a com finos vestidos, fazendo dela uma rainha esposa.

Jerusalém, porém, se prostituiu, isto é, se voltou para a idolatria e negou o seu Deus amante e protetor. Em vez de confiar inteiramente em seu Deus, foi fazer aliança com outros povos e se submeteu a seus deuses. Essa realidade de infidelidade é descrita com imagens fortes, oriundas da depravação sexual. Jerusalém, apesar das exortações proféticas (cf. Os 2,11; Is 3,17), não se converteu e acabou desnuda ao cair nas mãos de seus "amantes", que lhe rasgaram as vestes, quer dizer, tiraram sua dignidade de eleita de Deus entre as nações.

O Novo Testamento não possui muitas passagens em que ocorrem os termos "nu" e "nudez". Há, porém, significativas alusões. Em continuidade com as exortações que foram feitas a Jerusalém, Jesus Cristo dirige uma contra a Igreja de Laodiceia, que se vangloriava de suas riquezas, mas não conseguia enxergar os seus erros (cf. Ap 3,18). O objetivo não é o de castigar, mas reprovar por amor (cf. Ap 3,19).

O apóstolo Paulo, escrevendo aos cristãos de Roma, afirma que nada pode separar do amor de Cristo e cita a nudez ao lado da tribulação, da angústia, da perseguição, da fome, dos perigos e da espada (cf. Rm 8,35). Essas privações são listadas como consequências das violências praticadas contra os cristãos continuamente expostos a elas por causa da fé (cf. 1Cor 4,11; 2Cor 11,27). Nesse sentido, a fé provada no cadinho da humilhação revela quem, de fato, acredita em Deus.

3º Passo

O que o texto faz dizer a Deus em oração

Senhor, Deus de amor e de misericórdia, quando o ser humano experimentou a desobediência e descobriu a própria nudez, tecestes para o primitivo casal túnicas de pele. Com isso ensinastes que a sua dignidade merecia ser preservada pela vossa graça, pois nele está, para sempre, a vossa imagem e semelhança.

No vosso infinito amor, concedestes ao povo eleito em Abraão um caminho de salvação que se tornasse comunhão entre todos os povos. Um caminho de bênção. Pela experiência da vossa presença e ação na história, o vosso povo, em meio às suas vicissitudes, começou a compreender que vós sois criador, libertador e, acima de tudo, um Pai cheio de bondade e ternura, capaz de se compadecer das suas fraquezas e limitações. O vosso perdão revelou o imenso poder do vosso amor.

De diversos modos mostrastes que os menos favorecidos e mais necessitados são merecedores de uma atenção especial e de um cuidado particular. As viúvas, os órfãos e os estrangeiros foram por vós assumidos com grande amor. Estes mais carentes e dependentes passaram a simbolizar não apenas os mais sofridos da face da terra, mas, principalmente, passaram a revelar a vossa própria presença neles.

Vós bem sabeis que são grandes as tentações contra o amor, porque o ser humano é frágil e facilmente se deixa corromper por modismos e ideologias. Mas o mistério da vossa caridade é mais forte que qualquer humana fraqueza e, por o vosso Filho Jesus Cristo, realizastes a salvação como a maior de todas as obras de misericórdia pela humanidade.

Pela palavra e pela vida, o vosso Filho Jesus Cristo ensinou o caminho do bem, da justiça e da verdade. Ele assumiu todo o dinamismo contido na Lei, nos Profetas e nos Escritos e deixou o modo concreto de como reconhecê-lo no mundo, pois se identificou com os famintos, sedentos, peregrinos, despidos, doentes e presos, isto é, em quem sofre e precisa da fé viva e operante dos cristãos. Venceu a morte e determinou que ela não tem a última palavra sobre o destino de cada ser humano, pois para os que creem a vida não é tirada, mas transformada, e da terra se passa, em definitivo, para as vossas mãos paternas e misericordiosas.

Diante de tanto sofrimento no mundo, em particular quando as iniciativas e bons projetos de transformação social fracassam, não permitais que se perca a certeza da vossa presença e do vosso amor. Vós sois o Deus rico em misericórdia. Por isso, suscita nos vossos filhos e filhas o amor sem reservas, altruísta e generoso, pelo qual o egoísmo, gerador de tantos males, é vencido.

Senhor, se em Adão a humanidade foi solidária na desobediência, em Jesus Cristo, vosso Filho e novo Adão, ela pode voltar a obedecer-vos e ser mais justa e fraterna. Que o vosso amor seja o começo e o término de todas as ações humanas, a fim de que, na força do vosso Espírito santificador, amar o próximo, em particular o mais sofrido, não seja um peso, mas a graça que liberta, cura as feridas e resgata a dignidade de cada pessoa.

Que a Igreja e, nela, cada cristão sejam um sinal vivo de que o duplo mandamento do amor, ensinado por vosso Filho Jesus Cristo, não é uma utopia, mas a força que renova o mundo e o faz mais fraterno e livre, voltado para a realização da vossa vontade, assim na terra como nos céus. Amém.

4º Passo

Na contemplação-ação o texto faz formular um compromisso de vida

A nudez à qual Jesus Cristo se refere no Evangelho (cf. Mt 25,31-46) não se reduz apenas à falta de vestes físicas para cobrir o corpo. Na sociedade hodierna existem muitas pessoas, até mesmo cristãos, que vivem à margem da sociedade e numa vergonhosa nudez moral. Conscientes disso, cada cristão, empenhado por se manter "revestido" de Deus e na sua graça, deve tudo fazer para viver, devolver e manter as pessoas e a sociedade na dignidade de filhos e filhas de Deus. Tenho consciência disso? Conheço e pratico a moral cristã?

A falta de uma veste, que se vê por fora, pode denunciar outras carências: afeto, amor, dignidade, abandono, falta de trabalho etc.

Quando se vê um nu perambulando pelas ruas, se está diante de uma denúncia social que não pode passar despercebida. Nessa pessoa Jesus Cristo está necessitado de cuidados e de amor. Sou ainda sensível aos mais necessitados?

A miséria leva muitas pessoas à nudez, basta ver como algumas transitam sujas e carentes de roupas. Sem dúvida, as campanhas assistenciais são necessárias e urgentes. Contudo, precisam estar asseguradas por programas sociais e pastorais que sejam inteligentes e planejados, permitindo não apenas as ações imediatas, mas promovendo uma verdadeira ação libertadora, a fim de que o auxílio oferecido impeça que retorne para a indigência. Como tenho procurado assistir os mais necessitados? Vejo na minha comunidade ações concretas?

Crianças e jovens sofrem abusos sexuais e são vítimas da miséria imposta por uma economia injusta que reduz o ser humano a uma verdadeira escravidão do seu próprio corpo. É uma desonra que se agrava, ainda mais, com o tráfico de pessoas e de órgãos, no qual o corpo é tratado como mercadoria. Além disso, vender o próprio corpo para sobreviver é uma chaga social aberta que alimenta a opressão, a violência, e gera riqueza suja em quem comanda e vive desse comércio degradante. Cuido do meu corpo e do próximo com dignidade?

A graça da restauração foi dada a cada cristão no dia do Batismo. Por ela uma veste nova e branca foi dada ao ser humano configurado a Jesus Cristo. Por um lado, se essa graça vestiu a nudez da humanidade, que ficou exposta após o pecado original (cf. Gn 3,10-11), por outro lado revestiu cada cristão com as vestes sacerdotais de Jesus Cristo, elevando o ser humano à sublime condição de filho de Deus. Sem essa veste não se entra no festim celestial (cf. Mt 22,11-13; Ap 7,14). Tenho vivido na graça do Batismo, associado a Jesus Cristo?

A partilha dos bens materiais é, sem dúvida, um modo concreto e cristão para ajudar a resolver problemas pontuais e imediatos dos que estão passando por necessidades. Deve ser feito sempre que for possível, pois ninguém pode dar o que não possui, mas até da própria pobreza algo pode ser partilhado com os que menos possuem. Cultivo a generosidade?

Cada batizado deve se empenhar, com todas as forças, para se comprometer com o bem comum, não considerando como somente seus os bens que possui e de que dispõe. Ajuda muito a luta para vencer a compulsão pelas compras desnecessárias de roupas que acabam ficando de lado no armário. Pela prática da caridade, sou capaz de fazer uso do que tenho a fim de ajudar os menos favorecidos?

Várias catástrofes naturais têm ocorrido, ultimamente, em diversas regiões. Nesse contexto de grande dor e sofrimento de inúmeras pessoas que, praticamente, perdem tudo o que possuem, a mobilização acontece em diferentes frentes de ação. Tenho participado das campanhas de forma solidária e fraterna, ajudando as vítimas a se reerguerem?

9. Mc 5,21-43: "Basta a fé!?"

Breve introdução

Os textos referentes às curas realizadas por Jesus Cristo são muitos nos Evangelhos. Em todos eles, porém, nota-se que Jesus Cristo, curando e libertando o ser humano de doenças e enfermidades, estava antecipando a libertação da morte e, acima de tudo, manifestando que ele é o Senhor da vida. Ao assumir a condição humana, o Filho de Deus assumiu todas as dores, doenças e enfermidades de cada ser humano. As curas que Jesus Cristo realizou revelam não apenas a sua força e o seu poder para realizar milagres, mas, principalmente, o seu amor por cada ser humano sofredor. Em Jesus Cristo refulge o nexo profundo entre o valor da vida, da fraternidade, e a virtude da misericórdia, pois tomou sobre si as doenças e enfermidades.

1º Passo

Leitura do Evangelho segundo Marcos 5,21-43

[21]E Jesus, tendo atravessado de barco, novamente uma multidão numerosa se reuniu a ele, na outra margem, e se deteve junto ao mar. [22]Veio um dos chefes da sinagoga, de nome Jairo, e vendo-o, caiu junto aos seus pés [23]e suplicou-lhe muito, dizendo: "Minha filhinha está ao extremo; venha e imponha as mãos sobre ela, a fim de que se salve e viva". [24]E foi com ele. E uma multidão numerosa seguia-o, comprimindo-o. [25]Então, uma mulher, que possuía um fluxo de sangue há doze anos [26]e que sofrera muito com mui-

tos médicos, tendo gasto tudo o que havia, sem nada obter, mas se agravando sempre mais, [27] ouvira falar de Jesus. Veio entre a multidão e por detrás tocou-lhe as bordas do manto. [28]Pensava de fato: "Se eu apenas tocar as bordas do seu manto, serei salva". [29]E, prontamente, o seu fluxo de sangue secou e soube no corpo que estava curada da aflição. [30]E Jesus, prontamente, teve consciência que de si mesmo uma potência tinha saído e tendo se voltado para a multidão, disse: "Quem tocou as bordas do meu manto?" [31]Os seus discípulos lhe disseram: "Olha a multidão que te comprime e dizes: Quem me tocou?" [32]Mas olhava ao redor para ver quem tinha feito tal coisa. [33]A mulher, então, temerosa e trepidante, sabendo o que lhe tinha sucedido, veio e se jogou diante dele e lhe disse toda a verdade. [34]Então, disse para ela: "Filha, a tua fé te salvou; vai em paz e fique curada da tua aflição". [35]Estava ainda falando, vieram alguns da casa do chefe da sinagoga e disseram: "A tua filha morreu! Por que ainda turbas o Mestre?" [36]Mas, Jesus, tendo ouvido a palavra dita, disse ao chefe da sinagoga: "Não temas; apenas tenhas fé!" [37]E não deixou que ninguém o acompanhasse, somente Pedro, Tiago e João, o irmão de Tiago. [38]E foram à casa do chefe da sinagoga e viu alarido, choros e muitos a gritar. [39]E tendo entrado, lhes disse: "Por que fazeis alarido e choro? A menina não está morta, mas dorme". [40]E zombavam dele. Então, ele mandou todos para fora, tomou consigo o pai da menina e a mãe e os que estavam com ele, e entrou onde estava a menina. [41]E pegando na mão da menina, a ela disse: "Talithà, Kum", que se traduz: "Menina, põe-te de pé". [42]E a menina, prontamente, se pôs de pé e caminhava, pois já tinha doze anos. E foram tomados de grande espanto. [43]E a eles muito recomendou, a fim de que ninguém soubesse do fato. E disse que a ela fosse dado o que comer.

O que diz o texto?

O versículo 21 recoloca Jesus Cristo e seus discípulos em novo contato com a região da Galileia e com a multidão, após ter curado um homem endemoniado do outro lado do lago (cf. Mc 5,1-20).

Jesus Cristo, tendo saído com os seus discípulos de um local onde reinava a morte (cf. Mc 5,2), foi cercado novamente pela multidão à beira do lago. É neste contexto que duas novas situações de doença e de morte serão debeladas e acontecerá a cura de duas mulheres.

Um chefe da sinagoga surge em meio à multidão. Não se diz de qual sinagoga ele é chefe, mas se menciona o seu nome: Jairo. Sabe-se que, praticamente, cada região da Palestina, na época de Jesus Cristo, possuía uma sinagoga. No Evangelho de Marcos, porém, esta é a primeira vez que uma pessoa responsável pela vida religiosa do povo, sem dúvida um fariseu, se apresenta diante de Jesus Cristo com um pedido público e urgente: a sua filhinha está aos extremos, isto é, à beira da morte. Jesus Cristo, que já havia sentido a pressão e a hostilidade dos fariseus (cf. Mc 3,22-23), teria tudo para se negar, mas não hesitou, não colocou condições, e se dispôs, prontamente, a atender o pedido desse pai que, sem nenhuma prerrogativa, implorou: "Venha e imponha as mãos sobre ela, a fim de que se salve e viva". Esses dois verbos são fundamentais para a compreensão dos dois episódios, pois a vida é a consequência da salvação.

A presença da multidão em torno de Jesus Cristo é um elemento constante já bem antes desse episódio (cf. Mc 2,4.13; 3,9.20; 4,1.36). A presença da multidão cria, ainda mais, um cenário de agitação, tanto diante do pedido do chefe da sinagoga como diante da pronta resposta de Jesus Cristo. A multidão seguiu junto e, certamente, queria ser testemunha do que aconteceria quando Jesus Cristo impusesse a mão sobre a filhinha do chefe da sinagoga.

Um papel novo, porém, foi dado à multidão pelo evangelista, que, enquanto todos caminhavam, introduziu outro acontecimento de morte: uma mulher que havia doze anos sofria com um fluxo hemorrágico e que, apesar de todo o seu dinheiro ter sido gasto com os médicos, não obtivera resultados e só piorara nas mãos deles. É uma dura crítica aos médicos para descredenciá-los? Não! Por certo é uma alusão aos limites da medicina e dos médicos. Ainda hoje, com todos os avanços da ciência e da tecnologia a serviço da medicina, são constatadas certas curas que não possuem uma explicação científica.

O fluxo de sangue em uma mulher era, e ainda é entre os judeus mais ortodoxos, um sinal de impureza. O contato com uma mulher assim era proibido pela Lei (cf. Lv 15,25). O que essa mulher fez, então, foi uma violação da Lei, pois se misturou à multidão, que, se soubesse do seu fluxo de sangue, prontamente a teria apedrejado. Na mulher, porém, havia uma intenção "reta", "pura" e urgente, pois não pensou tocar em Jesus Cristo, apenas desejou tocar as bordas de seu manto com fé. Assim como dela saía um fluxo de sangue, estava certa de que de Jesus Cristo sairia uma força curadora e salvífica.

Diante desse quadro, entende-se a discrição, o segredo, o temor e a astúcia dessa mulher que, valendo-se da multidão que comprimia Jesus Cristo, buscou chegar o mais próximo possível dele, certa de que seria curada. De fato, a mulher tocou, por detrás, as bordas do manto de Jesus Cristo. O planejado na condicional foi executado. A ênfase, sem dúvida, recai sobre o verbo tocar. O contato de Jesus Cristo com as pessoas foi real e parte fundamental do seu ministério público. Os enfermos querem tocar em Jesus Cristo (cf. Mc 3,10; 6,56), e ele próprio tocava os enfermos (cf. Mc 1,41; 7,33; 8,22) e as crianças – para abençoá-las (cf. Mc 10,13).

Se por um lado o desejo dessa mulher enferma revelou-se cheio de fé, discrição, e foi furtivo, por outro lado ela não imaginou que o resultado seria abundante e se tornaria público. O desejo dela era ser curada, mas foi declarada salva por Jesus Cristo, que, por sua vez, não deixou o fato e a fé dessa mulher passarem despercebidos. O que ela quis obter no segredo tornou-se motivo para que lhe fosse devolvida a dignidade havia doze anos perdida.

A força da ação que saiu de Jesus Cristo foi muito maior do que a cura buscada por essa mulher.

O verbo conhecer tem uma função muito importante nessa cura. Tanto a mulher como Jesus Cristo conhecem que algo aconteceu. A mulher conheceu que estava curada e Jesus Cristo reconheceu que uma força dele havia saído. A eficácia da fé é fruto de conhecimento e não é o efeito mágico de um contato, pois a potência que saiu de Jesus Cristo foi mais do que uma cura, foi um ato salvífico. Diante da pergunta de Jesus Cristo "Quem tocou as bordas do meu manto?", a resposta dos discípulos pareceu insensatez de Jesus Cristo. Contudo, serviu para revelar que Jesus Cristo tinha pleno domínio de tudo o que acontecia à sua volta.

Se o fluxo de sangue atormentou essa mulher durante tanto tempo, ela sentiu, num único instante, temor, tremor e espanto ao ouvir a pergunta de Jesus Cristo. Ela podia ter ficado calada, mas não o fez. Como o chefe da sinagoga, no início do episódio, lançou-se por terra diante dele e contou tudo. O que fez após a cura foi maior do que planejou antes dela. A fé que teve no seu íntimo tornou-se testemunho. Antes, tinha ouvido falar sobre Jesus Cristo, depois de sua cura, ouviu dele próprio: "Filha, a tua fé te salvou; vai em paz e fica curada da tua aflição". A partir desse momento, nada mais foi mencionado a respeito dessa mulher; permaneceu apenas a aprovação de Jesus Cristo, que ressaltou a fé que salva, comunica paz e cura. Essas três ações são suficientes para se compreender que Jesus Cristo reintegrou essa mulher à vida social, pois lhe devolveu a dignidade. O drama de uma mulher foi resolvido por Jesus Cristo pelo caminho. É um sinal para cada discípulo ou discípula que se dispõe seguir Jesus Cristo.

Novamente o texto revela que Jesus Cristo tinha pleno domínio sobre o que acontecia à sua volta. Enquanto falava com a mulher, ouviu o que falaram com o chefe da sinagoga: "A tua filha morreu! Por que ainda turbas o Mestre?". Antes mesmo que o chefe da sinagoga pudesse dizer qualquer palavra ou manifestar qualquer sentimento, Jesus Cristo tomou a palavra. É o que conta. É o que decide qualquer situação. Diante da morte anunciada, o ser humano se cala! A única voz a ser ouvida é a voz de Jesus Cristo, que chama à fé.

O chefe da sinagoga, certamente, presenciou o diálogo de Jesus Cristo com a mulher. Isso poderia ter sido julgado por ele como sendo o infeliz contratempo que levou sua filhinha à morte. Houve, com isso, um aumento qualitativo que favoreceu a ação de Jesus Cristo. Fora chamado pelo chefe da sinagoga para evitar a morte da sua filhinha, mas a notícia trazida deu a Jesus Cristo a oportunidade de dizer ao chefe da sinagoga: "Não temas; apenas tenhas fé!". O que tinha sido dito para a mulher, cheia de tremor e temor, "a tua fé te salvou", foi reassumido e dito ao chefe da sinagoga. Essa é a exigência, pois a potência de Jesus Cristo se manifesta pela fé. A mesma fé que livrou a mulher de seu fluxo de sangue foi exigida por Jesus Cristo. Jairo, ao ser interpelado diretamente por Jesus Cristo, sentiu ressoar em seus ouvidos o que seu nome significa: "Que o Senhor ilumine".

A multidão que seguiu Jesus Cristo, a ponto de comprimi-lo, foi subitamente parada. Como a mulher veio tocar Jesus Cristo no segredo, a menina será curada quase no segredo, apenas diante de poucas testemunhas: Pedro, Tiago e João, que receberam a permissão para seguir Jesus Cristo na casa de Jairo. Esses três discípulos foram os mais próximos de Jesus Cristo e estiveram com ele no monte, como testemunhas da transfiguração (cf. Mc 9,2) e durante a sua agonia no horto das Oliveiras (cf. Mc 14,33). A presença desses discípulos assumiu um caráter decisivo de testemunhas de eventos importantes da ação de Jesus Cristo.

A multidão e os discípulos não foram um obstáculo para a mulher agir com fé, mas dentro da casa de Jairo Jesus Cristo encontrou alarido, choro e gritos: um funeral já estava em andamento.

A revelação feita por Jesus Cristo, mesmo se atraiu para si reações de zombaria, reverteu a situação: "Por que fazeis alarido e choro? A menina não está morta, mas dorme". Diante disso, Jesus Cristo impôs uma nova delimitação de pessoas, pois colocou todos para fora. Apenas o pai, a mãe e os discípulos escolhidos viram Jesus Cristo tomar a menina pela mão e ouviram a ordem que foi dada: "Talithà, Kum! – Menina, põe-te de pé!".

Uma ação foi feita e uma ordem foi dada por Jesus Cristo. Pela primeira, ajudou a menina a se levantar, pois lhe comunicou a sua força. Pela segunda, fez a sua palavra vivificadora entrar nos ouvidos dela. Diante das testemunhas, a menina se pôs a caminhar, pois já tinha doze anos. Nota-se a intrínseca ligação entre a menina e a mulher tanto pelo gênero como pela repetição do número doze. Assim, a antiga e a nova aliança foram contempladas pela ação benéfica de Jesus Cristo. O fluxo de sangue da mulher havia doze anos representava a religião do antigo Israel sem perspectiva de cura, e a menina de doze anos, que apenas dormia, representa a Igreja que parece morta aos olhos do povo.

Por que todos foram tomados de espanto? Por causa da menina que ressuscitou ou porque se confirmou a palavra de Jesus Cristo? Por que o espanto dos presentes ao invés da fé que fora exigida ao pai da menina? A "ressurreição" da filhinha de Jairo serviu para mostrar o poder de Jesus Cristo diante do sono da morte, mas serviu também para mostrar que o ser humano, sem a fé, não vence as enfermidades e a morte.

Diante da cura da mulher, Jesus Cristo não impôs um segredo, apesar de fazer parte da forma como a cura aconteceu, mas diante da cura da menina o segredo foi imposto. Isso confirma que Jesus Cristo não quis fazer dos prodígios um alarido para a multidão. De fato, a multidão e as pessoas que estavam na casa de Jairo ficaram de fora. Além disso, parece que a ordem de Jesus Cristo foi atendida, pois não houve referência à difusão do fato.

As curas são um sinal da potência de Jesus Cristo que escapa à compreensão dos que preferem criticar e zombar mais do que, prontamente, manifestar desejo de aderir. A última ordem, dar de comer à menina, serviu apenas para enfatizar que ela voltou à vida normal, mas pode ser entendida como um sinal precursor da ressurreição de Jesus Cristo, que também procurará ajudar os discípulos a acreditar que ele não é um fantasma ao pedir algo para comer (cf. Lc 24,41-42; Jo 21,5.9-15).

O alimento a ser dado à menina alude, igualmente, à Eucaristia, pela qual os batizados, isto é, os que estavam mortos por causa do pecado, se alimentam do próprio Jesus Cristo, que lhes garante a vida. Ele é a árvore da vida. Assim, fica evidenciado que a vida cristã acontece como um caminho de conversão aos ensinamentos de Jesus Cristo e como disposição para seguir os seus exemplos. A prática das obras de misericórdia corporal permite aos cristãos testemunharem o amor que possuem por Jesus Cristo, que se identificou com os que sofrem e por eles mostrou-se próximo e interessado em suas necessidades. Assim, o cuidado com os mais necessitados revela o verdadeiro sentido da virtude da religião.

2º Passo

A meditação ajuda a perceber e aprofundar o que o texto diz

No Antigo Testamento encontram-se alusões a doenças e enfermidades. Lv 13 faz referência às doenças de pele e, em particular, trata da lepra. Já 2Rs 5 narra a cura de Naamã da sua lepra. 1Sm 16,14-23 relata que Saul sofria de um mau espírito que o atormentava e causava terror. Davi entra em cena como musicoterapeuta e o acalma. Segundo 2Sm 12,15b, o primeiro filho que Davi gerou em Betsabeia foi ferido por Deus e caiu gravemente enfermo. Em 1Rs 14,5 se diz que o filho pequeno de Jeroboão estava doente e que sua morte não foi uma pena, mas um ato de misericórdia de

Deus (cf. 1Rs 14,12-14). 2Rs 20,1-11 narra a doença e a cura do rei Ezequias. O mesmo episódio encontra-se também relatado em Is 38,1-20. A doença podia ser percebida no rosto de uma pessoa (cf. Ne 2,2; Dn 1,10). Nos Salmos 30, 41 e 88, por exemplo, percebe-se a súplica feita a Deus em situações de doenças e enfermidades. Particularmente nos Evangelhos existem relatos de pessoas que foram curadas por Jesus Cristo e por seus apóstolos.

A história da humanidade é o palco tanto do surgimento de doenças como da luta contra elas. A luta pela vida! Ninguém quer ficar doente. No entanto, o número de doentes tem aumentado e as causas são múltiplas. Basta um resfriado e muitos não conseguem nem mesmo se levantar da cama. Quando se adoece, cada um percebe o quanto se é frágil e necessitado de cuidados. É uma experiência universal porque quase ninguém consegue escapar de algum tipo de doença.

Mas por que o ser humano adoece? Por que está adoecendo tanto e repetidas vezes? Por que certas doenças se demonstram incuráveis? Um breve olhar para o percurso da medicina revela que sempre se procurou a cura ou o alívio da dor e do sofrimento, das doenças e enfermidades. Com o passar do tempo, a humanidade progrediu cientificamente e começou a alcançar a cura através de remédios cada vez mais potentes, porque as causas de diversas doenças foram encontradas. Muitas, porém, ainda continuam sem solução.

Contudo, por que remédios de última geração, equipamentos hospitalares hipersofisticados e profissionais de saúde altamente qualificados não estão conseguindo obter resultados satisfatórios nos tratamentos a fim de reverter os quadros de enfermidades e doenças de pessoas hospitalizadas? O que pensar das inúmeras pessoas que adoecem e não conseguem atendimento nos hospitais?

Apesar de todos os avanços científicos e tecnológicos, verdadeiras conquistas na história da humanidade, diversas doenças continuam sem solução. Tal constatação se agrava diante de tantas doenças que continuam desafiando a capacidade e a ciência humanas. Não é incomum encontrar pessoas que se aproximaram de Deus, novamente, ao passar por uma grave doença.

Ao lado da questão das doenças está o da atenção e cuidados que os doentes esperam receber não apenas dos médicos, mas principalmente de familiares. Jesus Cristo, em diversas ocasiões, foi ao encontro dos doentes e permitiu que os doentes viessem até ele. Ao se identificar com os doentes, Jesus Cristo reclama de seus seguidores a atenção e a disponibilidade no cuidado dos doentes.

Jesus Cristo, identificando-se com os doentes, deixou para os seus discípulos uma insubstituível missão: a primazia do amor como condição necessária do cuidado aos que sofrem. Em Jesus Cristo cada um de nós pode descobrir um modo concreto para aliviar a dor e o sofrimento das pessoas doentes. Independente da possibilidade de a cura acontecer pelas capacidades humanas, o cristão sabe que realiza a vontade de Jesus Cristo quando se faz próximo dos doentes e cuida deles por amor.

3º Passo

O que o texto faz dizer a Deus em oração (Campanha da Fraternidade 2012)

Senhor Deus de amor, Pai de bondade,
Nós vos louvamos e agradecemos
pelo dom da vida,
pelo amor com que cuidais de toda a criação.
Vosso Filho Jesus Cristo,
em sua misericórdia, assumiu a cruz dos enfermos
e de todos os sofredores,
sobre eles derramou a esperança de vida em plenitude.
Enviai-nos, Senhor, o vosso Espírito.

Guiai a vossa Igreja, para que ela,
pela conversão, se faça sempre mais
solidária às dores e enfermidades do povo
e que a saúde se difunda sobre a terra.
Amém.

4º Passo

Na contemplação-ação o texto faz formular um compromisso de vida

Ficar doente não é uma escolha pessoal. As doenças surgem por diferentes causas que, na maioria das vezes, são alheias à vontade do ser humano. Sabe-se que a grande maioria das doenças poderia ser evitada pelo cultivo e pelo empenho de hábitos saudáveis. Muitas pessoas, lamentavelmente, preferem o prazer de certos hábitos nocivos a investir no bem-estar físico, mental e espiritual. Nesse sentido, cada pessoa pode, pelas doenças, perceber que não existe apenas uma profunda relação entre o corporal e o espiritual, mas que o ser humano é uma unidade psicossomática (corpo e mente) e pneumossomática (corpo e espírito). Que bons hábitos tenho cultivado em minha vida? Sei que as minhas opções e ações trazem consequências para a unidade do meu ser? Que valorizo mais, o cuidado do corpo ou o cuidado do espírito?

Visto que qualquer pessoa pode adoecer em qualquer fase da vida, reside na doença algo que é comum a todos. Se o ser humano é solidário na doença, muito mais deveria ser na busca pela saúde, que "é um processo harmonioso de bem-estar físico, psíquico, social e espiritual, e não somente a ausência de doença, processo que capacita o ser humano a cumprir a missão que Deus lhe destinou, de acordo com a etapa e a condição de vida em que se encontre" (CELAM, 2010, n. 8). Sinto-me responsável pelo bem-estar da minha vida e da vida dos demais? Percebo nos doentes um apelo à fraternidade e à solidariedade?

Os hospitais, tão necessários, surgiram e se difundiram no mundo, em grande parte, graças à vocação e à missão que Jesus Cristo suscitou em seus seguidores e em muitas pessoas de boa vontade, desejosas de cuidar dos doentes e, igualmente, de promover e praticar o bem-estar integral do ser humano. Assim, ao longo dos séculos tiveram origem inúmeras congregações religiosas, dedicadas ao cuidado e à assistência dos doentes. Conheço as ações da Igreja sobre a promoção da saúde e do bem-estar integral do ser humano? Conheço as obras sociais que a Pastoral da Saúde realiza em minha comunidade? Sinto-me impelido a ajudar na divulgação e promoção dessas ações na minha família, na Igreja e na sociedade?

Com o surgimento dos Estados independentes, e pelas legislações que foram sendo promulgadas, difundiu-se a consciência dos direitos inalienáveis que cada pessoa tem aos serviços médico-hospitalares. Tanto para a Igreja como para o Estado, o ser humano é a principal finalidade das ações sociais e religiosas em prol do seu desenvolvimento. Mas por que essas instituições ainda não conseguem ajudar o ser humano a ter hábitos saudáveis? Por que muitas das vezes as ações são mais assistenciais do que preventivas? Como promover a reflexão entre os diferentes seguimentos da Igreja e da sociedade a fim de favorecer a participação cristã, solidária e fraterna nas famílias e nos centros de saúde pública?

São comuns as notícias que denunciam o descaso das autoridades públicas no que diz respeito à prevenção e ao cuidado dos doentes nos hospitais. Além do descaso, a impunidade tem prevalecido, e o que deveria ser destinado à saúde tem sido desviado, causando a falta de médicos, enfermeiros, equipamentos e remédios. Nem mesmo os que podem pagar um plano de saúde estão isentos desse sofrimento e desamparo. Mas e o descaso de muitos cristãos diante da doença e de enfermidades de seus próprios familiares?

Por um lado, denunciar a corrupção e não ser conivente com ela já são atitudes que cada cristão deve assumir como conduta moral. Por outro lado, cada um, como voluntário, pode realizar ações caritativas nos hospitais e centros de saúde pública. Muitos testemunham que venceram seus medos fazendo-se próximos dos que sofrem e passaram a cuidar mais da própria saúde. Que iniciativas humanitárias e caritativas cada um percebe ser capaz de desenvolver em favor dos doentes? Como a comunidade eclesial tem realizado a Pastoral da Saúde? Que tipo de assistência a comunidade oferece aos doentes?

Na Sagrada Escritura, médicos e farmacêuticos são citados com grande apreço. Eclo 38,1.3.7.12 afirma: "Dá ao médico as honras devidas por seus serviços, pois ele foi criado pelo Senhor. [...] O saber do médico faz com que caminhe de fronte erguida e ele é admirado pelos grandes. Pelas plantas medicinais, ele sanou e suavizou; o farmacêutico fez mistura com elas. [...] Considera o lugar do médico, porque o Senhor também o criou, de ti não o afastes, porque dele tens necessidade". Como tenho honrado e reconhecido a importância dos operadores da saúde? Elevo diariamente a Deus preces e orações pelos operadores da saúde?

Para que a saúde se difunda sobre a face da terra, a conta não pode pesar apenas sobre os operadores de saúde, que, na maioria das vezes, trabalham sem um justo salário e sem as condições mínimas para um atendimento digno à população. O papel dos operadores de saúde também não é apenas curativo, é principalmente preventivo, a fim de que as pessoas se exponham menos aos riscos das doenças. Isso, porém, não acontece sem uma justa cooperação entre os operadores de saúde e a população. O interesse e as tarefas devem ser de cada um e de todos como sociedade. Que esforços tenho feito no cuidado tanto das doenças como das suas prevenções? Que destino dou aos remédios que sobram em minha casa? Como disponibilizá-los de forma correta para ajudar os que necessitam e não podem comprá-los?

Nesse sentido, cada ser humano é um operador da própria saúde e da saúde dos demais. Ao lado disso, quem tem fé não pode esquecer que existe uma relação bem mais profunda: a colaboração entre Deus e cada ser humano. Assim, as grandes conquistas humanas são fruto da presença e do agir de Deus no mundo. Ele continua derramando os seus dons e as suas graças para que o progresso científico torne o ser humano cada vez mais humano e livre dos males que agridem a sua realidade psicossomática e pneumossomática. Acredito que Deus age igualmente pela mediação dos operadores de saúde e que os avanços científicos não são apenas o fruto das conquistas humanas?

Nem sempre as doenças podem ser debeladas e erradicadas da sociedade. Há limites nas ciências médicas e nos operadores de saúde. Em muitos casos, a morte é inevitável. O avanço da ciência e da tecnologia, por isso, não dispensa a atenção e os cuidados que os doentes merecem receber, quer de familiares, quer de amigos, quer – principalmente – dos cristãos. Apesar disso, há casos em que a cura acontece de forma inexplicável. É o que comumente se designa por milagre. Na certeza de que para Deus nada é impossível, uma das principais ações da Igreja no tocante aos doentes se dá pelo sacramento da Unção dos Enfermos, mediante o qual eles são confiados de forma particular aos cuidados de Jesus Cristo, médico dos médicos. Como posso ajudar a realizar esse ministério de cura e de amor de Deus pelo que sofre?

10. Lc 22,47-54:
"Estive preso... me visitastes?"

Breve introdução

Jesus Cristo não experimentou a doença, mas, em seu amor, carregou sobre si a humanidade doente. Ele viveu, pessoalmente, a experiência da prisão, do julgamento injusto, da flagelação e da sentença de morte. A sua flagelação pode ser comparada às chagas abertas que o justo Jó recebeu, em sua provação, sobre seu corpo. Além de sua própria experiência, Jesus Cristo, certamente, presenciou diversas pessoas sendo presas e julgadas injustamente. Basta lembrar seu primo João Batista, que, por ficar do lado do bem, da justiça e da verdade, foi preso por Herodes e também sofreu o martírio. Por diversas vezes Jesus Cristo falou abertamente aos seus discípulos e revelou que por causa de seu nome seriam presos, levados diante dos tribunais, julgados e condenados. Prometeu-lhes, porém, a assistência do Espírito Santo, pelo qual dariam testemunho de seu nome. Assim, a prisão de Jesus Cristo e a sua condenação à morte de cruz inauguraram o caminho do martírio para os discípulos. Ao longo dos séculos, a Igreja continua sendo perseguida, e muitos cristãos são presos e mortos por causa do testemunho cristão.

1º Passo
Leitura do Evangelho segundo Lucas 22,47-54

[47]Ele estava ainda falando, eis que veio uma multidão e o chamado Judas, um dos Doze, os precedia e acercou-se de Jesus para

beijá-lo. [48]Jesus, então, disse-lhe: "Judas, com um beijo entregas o Filho do Homem?" [49]Os que o cercavam, vendo o que estava para acontecer, disseram: "Senhor, atacamos com a espada?" [50]E um dentre eles golpeou o servo do Sumo Sacerdote e tirou-lhe a orelha direita. [51]Jesus, porém, tomou a palavra e disse: "Deixai esta coisa!" E tendo tocado a orelha, curou-o. [52]Jesus disse aos que vieram contra ele, sumos sacerdotes, oficiais do Templo e anciãos: "Como contra a um malfeitor saístes com espadas e bastões. [53]Cada dia eu estava convosco no Templo e não lançastes a mão sobre mim. Está é, porém, a vossa hora e o poder das trevas". [54]Então, o prenderam e o conduziram, fazendo-o entrar na casa do Sumo Sacerdote. Pedro, porém, seguia de longe.

O que diz o texto?

Os quatro Evangelhos narram o combate de Jesus Cristo diante da chegada da hora de sua morte e sua resposta pela intensa oração dirigida ao Pai. Essa etapa do seu ministério público, de modo particular, revela como sua humanidade e sua divindade estão plenamente unidas na dinâmica de seu protagonismo. A prisão de Jesus Cristo aconteceu estando ele com seus discípulos à sua volta no monte das Oliveiras. Segundo os relatos evangélicos, isso se deu após a última ceia, na qual a Eucaristia e o sacerdócio tinham sido instituídos.

Jesus Cristo queria seus discípulos acordados e vigilantes. Por isso questionou: "Por que dormis? Ponde-vos a orar de pé para que não entreis em tentação" (Lc 22,46). Não se sabe quanto tempo transcorreu entre a chegada de Jesus Cristo nesse monte com seus discípulos e a sua prisão. Pelo relato sabe-se que Jesus Cristo teve tempo para orar ao Pai, experimentar uma forte angústia e sentir-se sozinho, pois os discípulos dormiram, não obstante tê-los exortado a orar para não entrar em tentação. Uma prova da fidelidade do discípulo ao seu mestre.

Foi no momento dessa fala exigente que chegou uma multidão, tendo Judas Iscariotes à frente dela, pois era quem conhecia o local e era o único que podia identificar Jesus Cristo com a devida precisão. O beijo seria o gesto identificador. Jesus Cristo, diante do gesto, interroga Judas, que nada responde. Pelo texto, não se sabe, com certeza, se o beijo aconteceu, pois o movimento de Judas foi interceptado pela pergunta de Jesus Cristo. O silêncio de Judas, porém, é latente! O beijo que serviria para identificar tornou-se o gesto que revelou não apenas a intenção do traidor, mas a ciência do Filho do Homem que estava sendo traído. A expressão "Filho do Homem", no Evangelho segundo Lucas, ocorre cinco vezes, e quatro delas aparecem ligadas à Paixão de Jesus Cristo (cf. Lc 9,22; 12,10 22,48; 24,7). Lc 12,10, de forma proléptica, pode ser perfeitamente aplicado a Judas e à sua ação. Já Lc 21,27 denota o domínio de Jesus Cristo sobre a realidade como justo juiz.

Da pergunta dirigida a Judas passa-se a uma tomada de consciência dos discípulos e uma nova pergunta foi feita, revelando o interesse de reagir à situação pelo uso da espada. Essa pergunta retoma o teor da conversa tida logo após a ceia, mas antes que fossem para o monte das Oliveiras (cf. Lc 22,36-38). A quem desejaram ferir? Poderia ser Judas? Nada impede de assim pensar. Contudo, há um jogo interessante. Ferir Judas seria ferir, diretamente, Jesus Cristo, pois Judas era um dos seus discípulos. Contudo, ao ferir o servo do Sumo Sacerdote feria-se a autoridade antagônica a Jesus Cristo e, indiretamente, seu novo servo: Judas.

A orelha direita do servo foi cortada. Não se feriu um órgão vital, mas o local escolhido foi intencional, pois afetou um importante órgão sensorial, o que revela, pelo contexto dramático, a incapacidade de ouvir a palavra de Jesus Cristo. Na orelha cortada do servo do Sumo Sacerdote antecipou-se o desligamento de Judas do grupo dos Doze e de Jesus Cristo, o verdadeiro Sumo e Eterno Sacerdote.

Apenas Jo 18,10-11 afirma que foi Pedro quem desembainhou a espada e feriu o servo que se chamava Malco. E só Lucas atesta que Jesus Cristo curou a orelha ferida do servo, com isso acentuando o seu comportamento misericordioso. É fazendo o bem que Jesus Cristo conduz a sua luta contra o mal. Fica o ensinamento!

Somente depois de curar é que Jesus Cristo tomou novamente a palavra e falou aos que vieram prendê-lo. A multidão do versículo 47 aparece identificada: "sumos sacerdotes, oficiais do Templo e anciãos" (v. 52), isto é, todos os que tinham autoridade e tiveram chances para prendê-lo no Templo, mas não o fizeram. Criou-se, com isso, um cenário de poder em conflito.

No Templo, Jesus Cristo havia declarado a Maria e José, no início do Evangelho de Lucas, que devia se ocupar com as coisas de seu Pai (cf. Lc 2,49). Talvez por isso é que ele nunca foi preso no Templo, mostrando que, apesar de tudo, a casa de seu Pai era lugar de proteção e não um covil de ladrões, como defendeu. Isso parece que foi exatamente a leitura de Jesus Cristo às avessas: "Como contra a um malfeitor saístes com espadas e bastões". Além disso, Jesus Cristo foi preterido por um rebelde e homicida, Barrabás, e foi crucificado entre dois ladrões (cf. Lc 23,32-33).

Como Adão e Eva, nossos progenitores, foram seduzidos pelo inimigo num jardim, assim se manifesta, também num "jardim", a hora dos que continuam seduzidos e conduzidos pelo poder das trevas. O que não se conseguiu fazer em plena luz do dia buscou-se fazer durante a noite. Essa indicação mostra que as trevas dominam os inimigos de Jesus Cristo.

Jesus Cristo, a partir de sua prisão, passou a experimentar o que significa estar preso por causa da justiça. Ele perdeu sua liberdade física e encontrou-se nas mãos dos que usavam o poder não para salvar, mas para condenar e matar o justo e inocente. Das "mãos" do Pai, pela insistente oração, Jesus Cristo passou para as mãos do sumo sacerdote, cuja casa revelou-se não um lugar de refúgio, mas uma prisão.

Lucas não mencionou a fuga dos discípulos, mas também não deixou de relatar que Pedro se dispôs a seguir de longe. O contexto posterior (Lc 22,55-62) colocou Pedro no centro do relato a fim de mostrar, de certa forma, o resultado da falta de oração e vigilância que Jesus Cristo havia exigido. Chegou a hora da tentação de Pedro, na qual se constatou que o apóstolo não foi capaz de manter a palavra que havia dado a Jesus Cristo: "Senhor, contigo estou disposto a ir para a prisão e para a morte" (Lc 22,33).

2º Passo

A meditação ajuda a perceber e aprofundar o que o texto diz

No Antigo Testamento existem relatos de pessoas que foram presas. Em alguns deles é possível encontrar relações que ajudam a compreender o episódio da prisão de Jesus Cristo. José, o filho querido de Jacó, experimentou a inveja de seus irmãos, teve a morte decretada, mas acabou vendido para ismaelitas que iam comerciar no Egito em caravana. A hostilidade feita a José e a consequente prisão derivam da injustiça praticada contra ele. José, porém, experimentou sua prisão como presença e proteção de Deus (cf. Gn 39,7-23). Assim, o tempo da prisão, na vida de José, tornou-se a ocasião da revelação dos desígnios salvíficos de Deus, levando-o a se tornar a pessoa mais importante de todo o Egito (cf. Gn 40,1–41,49).

A prisão de Jesus Cristo no monte das Oliveiras resgata, em muitos pontos, essa página da história de José. Jesus Cristo parece que fez dela o ensinamento sobre a perseguição e o ódio aos discípulos por causa de seu nome e de seu Evangelho (cf. Mt 5,10-12; Jo 15,18-21). Se na história de José revive-se a inveja de Caim em relação a Abel, sem que os irmãos matem José, na história de Jesus Cristo a inveja dos malvados descendentes de Caim continuou mostrando sua força de morte. Contudo, o sacrifício de Jesus Cristo, novo Abel, não foi em vão, pois o seu sangue derramado redimiu a humanidade e mostrou a misericórdia de Deus.

O profeta Miqueias, filho de Jemla, foi parar na prisão por falar a verdade em nome de Deus, quando foi consultado pelo rei Acab, de Israel, a pedido do rei Josafá, de Judá, e predisse que não teria vitória na guerra contra os arameus (cf. 1Rs 22,1-40). Fato semelhante aconteceu com o vidente Hanani, que reprovou o rei Asa, de Judá, por ter buscado fazer aliança com o rei de Aram em vez de ter colocado a sua confiança em Deus. Hanani também foi parar na prisão (cf. 2Cr 16,7-10). O profeta Jeremias, porém, foi o que mais experimentou a prisão por se opor às ações injustas das lideranças de Judá. Profetizando contra a inexpugnabilidade do Templo de Jerusalém durante o reinado de Joaquim, rei de Judá, foi colocado na prisão e, por isso, quase foi morto (cf. Jr 26). Em outra ocasião, Jeremias também foi para a prisão por ter profetizado contra as atitudes que estavam sendo tomadas pelo rei Sedecias, de Judá, no confronto com a Babilônia (cf. Jr 37,1–38,28). A justiça pregada e praticada pelos profetas enviados por Deus resultou na prisão e morte deles.

O ministério público de Jesus Cristo foi profético pelas palavras que proferiu e pelas ações que realizou. E, como aconteceu com João Batista (cf. Mt 11,2; 14,3-12; Mc 6,17-29; Lc 3,19-20), a prisão e a morte de Jesus Cristo foram dois modos, de quem estava no poder, de fazer calar a voz do bem, da justiça e da verdade que liberta. O que aconteceu com Jesus Cristo teve vários antecedentes na história da salvação, em particular com os profetas enviados por Deus para exortar e corrigir o antigo Israel de seus pecados. Jesus Cristo foi vítima também de uma lei promulgada pelo rei persa Artaxerxes, que deu a Esdras um enorme poder, até mesmo para prender e matar quem não cumprisse a Lei de Deus, naquela ocasião considerada lei do rei (cf. Esd 7,26). Foi o que aconteceu, mandaram prender Jesus Cristo e fizeram a seguinte acusação: "Temos uma lei e, segundo a lei, deve morrer, pois se fez Filho de Deus" (Jo 19,7). Os que queriam a morte de Jesus Cristo o acusaram de ser um contraventor da Lei de Deus.

No Sermão da Montanha, Jesus Cristo, ensinando sobre a reconciliação, disse que era necessário assumir uma ação conciliadora com o adversário enquanto se caminhasse com ele para o tribunal, a fim de se evitar a prisão (cf. Mt 5,25-26; Lc 12,58-59). Jesus Cristo não quis colocar em prática tal ensinamento, não quis salvar sua vida, mas quis, por ela, salvar a vida de todos os que estavam presos pelo adversário do bem, da justiça e da verdade. Sua prisão serviu, mesmo, para que Barrabás, um malfeitor que estava preso por assassinato, fosse posto em liberdade (cf. Mt 27,16-26; Mc 15,11-15; Lc 23,13-25; Jo 18,39-40). Cumpriu-se uma de suas metas messiânicas: pôr em liberdade os cativos (cf. Lc 4,18; Is 42,7; 61,1).

O que Jesus Cristo profetizou e viveu em primeira pessoa passou a ser experimentado pelos seus discípulos a partir do momento em que começaram a evangelizar. Pedro e João foram lançados na prisão e foram torturados por causa do anúncio do Evangelho. O que lhes deu motivo de alegria para intensificarem o ensinamento da Boa-Nova de Jesus Cristo (cf. At 4,1–5,42). O mesmo aconteceu com o diácono Estêvão, que, ao ser apedrejado, repetiu o mesmo gesto de Jesus Cristo na cruz, pedindo o perdão para os que o sentenciavam com a morte (cf. At 6,8–7,60). Os apóstolos Pedro e Paulo, depois desses relatos, são os que protagonizaram a experiência da prisão por causa de Jesus Cristo e de seu Evangelho (cf. At 12,1-17; 16,16-40; 21,27–28,31). Em várias cartas o apóstolo Paulo fez referência às suas prisões (cf. Rm 16,7; Cl 4,10; Fm 9.10.13.23).

Além desses relatos, outros textos do Novo Testamento ajudam no aprofundamento do tema. 1Pd 3,19 afirma que Jesus Cristo, morto na carne e vivificado no Espírito, anunciou a Boa-Nova aos espíritos na prisão, isto é, a todos os que aguardavam a libertação desde os dias de Noé. 2Pd 2,12 afirma que os falsos doutores, isto é, os que causam o desvio da reta e sã doutrina, estão destinados à prisão e à morte. Ap 2,10 afirma que muitos justos da igreja de Esmirna foram provados e lançados na prisão. Ap 13,10 afirma que a prisão e a morte estão destinadas para os injustos (cf. Jr 15,2; Mt 18,23-35).

3º Passo

O que o texto faz dizer a Deus em oração (Sl 142)

[2]Ao Senhor, com a minha voz, eu grito!

Com a minha voz, ao Senhor, eu suplico!

[3]O meu lamento derramo diante dele,

na sua presença exponho a minha angústia,

[4]enquanto o meu espírito desfalece.

Tu, porém, conheces meu rumo!

No caminho em que andava esconderam um laço para mim.

[5]Olha para a direita e vê: não há para mim um conhecido,

não há um lugar de refúgio, não há quem cuide de minha alma!

[6]Senhor, a ti eu gritei, e disse:

Tu és meu refúgio, minha porção na terra dos vivos!

[7]Sê atento ao meu brado, porque estou abatido.

Salva-me dos meus perseguidores,

porque são mais fortes do que eu!

[8]Faze sair minha alma do cárcere,

a fim de que eu renda graças ao teu nome!

Os justos me cercarão, porque me beneficiaste.

4º Passo

Na contemplação-ação o texto faz formular um compromisso de vida

A primeira prisão que o ser humano experimentou na vida aconteceu quando nossos progenitores, denominados de Adão e

Eva, desobedeceram a Deus e perderam a graça original (cf. Gn 3,1-24). Desse momento em diante, a humanidade passou a ficar presa ao pecado e necessitada de redenção e de libertação (FERNANDES, 2015, p. 91-102). Essas vieram por Jesus Cristo, o novo Adão (cf. Rm 5,12-21). O episódio de Caim, que mata seu irmão Abel, tornou-se o paradigma de toda e qualquer violência do ser humano contra o seu semelhante. Como tenho procurado obedecer a Deus em Jesus Cristo a fim de que a violência iniciada por Caim não se manifeste em mim por palavras e ações contra o meu semelhante, mas o amor de Jesus Cristo seja a força contra a violência?

Apesar de o primeiro delito ter resultado na morte de uma pessoa inocente, Deus não retirou do ser humano o sinal do seu amor. A punição dada a Caim não foi a prisão, mas sim a improdutividade do seu trabalho e o viver fugindo com medo de ser também ele assassinado. A fuga foi e continua sendo a primeira ação que um assassino assume, deixando o local de seu crime ou tentando esconder as evidências. Tenho assumido os meus erros ou prefiro negá-los?

A história da família humana está repleta de violências: assassinatos, guerras, roubos, tráfico de armas, de drogas, de pessoas, de agressões domésticas e sociais, violências contra a mulher e os mais fracos etc. Por certo a lista e os problemas são maiores do que se possa imaginar. Com pesar nota-se que a violência cresce entre os mais necessitados, isto é, entre os que possuem menos chance de viver com dignidade. É verdade, porém, que muitos abastados são os que financiam diversos tipos de crimes que, no final, acabam levando as pessoas simples e humildes, iludidas com um ganho fácil, para as prisões. Tenho consciência disso? Sei separar o joio do trigo em meus julgamentos pessoais? De que lado social estou?

Assim como a fome e a sede obrigam muitas pessoas a se tornar estrangeiras, também as tornam vítimas de exploradores impiedosos. Triste realidade acontece com as pessoas que, por desespero ou ganância pelo dinheiro fácil, aceitam comerciar e transportar drogas, acabando na prisão e deixando a família ainda mais vulnerável. Já são muitos os casos de estrangeiros presos no Brasil e de brasileiros presos no exterior por tráfico de drogas. Como combater esse mal com o bem? Que ações sociopastorais existem para o combate eficaz das dependências químicas? Como ajudar os dependentes a se libertar das drogas? Como fazer morrer por inanição o tráfico de drogas, de pessoas, de órgãos etc.?

Acredita-se que a prisão é um meio eficaz de se retirar um agressor da sociedade, mas manter na prisão um preso sem que haja um real programa de recuperação é absurdo e indigno. É muito dinheiro desperdiçado e mal aplicado. A triste condição em que vive a grande maioria dos presos só ajuda a piorar sua falta de perspectiva. Os dados confirmam que o Brasil já é a quarta maior comunidade carcerária do mundo, já são mais de 600 mil presos. Por que esse número é tão alto e continua crescendo? Será apenas uma questão de impunidade? Ou será "fraqueza" do aparato legislativo? Sei separar o pecado do pecador, o crime do criminoso, a fim de que o amor pelo que errou não deixe de existir em mim?

Os problemas se agravam, pois os presos, na sua grande maioria, são improdutivos, sem chances de uma real reabilitação e, além de falido, o sistema prisional é injusto e gerador de mais violência. As iniciativas prisionais eficientes existem, mas ainda são poucas. Nota-se a incoerência: os gastos públicos com o sistema carcerário já são maiores do que os investimentos com a saúde e a educação juntas. Será que é melhor reduzir a idade penal e ter de construir mais presídios, aumentando os impostos, do que investir em projetos sociais capazes de gerar uma educação de qualidade e mais empregos a fim de que o ser humano cresça em dignidade, aprenda que o crime não compensa, tenha oportunidades e, assim, deixe de cometer delitos?

Como discípulos de Jesus Cristo, cada um é chamado a compreender essa obra de misericórdia com a mesma perspectiva com a qual ela foi instituída: amar não somente os que nos amam, mas principalmente os que a sociedade ajudou a desviar por negligência na educação e nos direitos fundamentais à vida humana. Se por um lado cresce a comunidade carcerária, por outro lado diminui o número dos que poderiam ajudar na Pastoral Carcerária. Estou disposto a conhecer e ajudar a fortalecer a Pastoral Carcerária levando a Boa-Nova de Jesus Cristo aos presos? Acredito que o Evangelho possui uma força de transformação?

Quando Jesus Cristo se identificou com o preso, estava evocando a situação de todos os que foram considerados criminosos por se converter, amar a ele e praticar o bem, a justiça e a verdade, isto é, por se tornar seus discípulos. Isso, porém, passou a ter um alcance maior, na medida em que cresceu a compreensão sociorreligiosa do vínculo de Jesus Cristo com cada ser humano, objeto primeiro e último do seu amor misericordioso. Consigo enxergar o rosto desfigurado de Jesus Cristo em um preso, independente do crime que cometeu e pelo qual está cumprindo pena?

A desobediência a Deus levou o ser humano à adesão ao mal e à repulsa pelo bem. Isso, na dinâmica da Sagrada Escritura, é o principal motivo gerador de todas as formas de violência que se avolumam e denigrem a imagem e semelhança de Deus em cada ser humano. O texto bíblico, com isso, reconhece que existe um problema antropológico de fundo: a opção humana pela não vontade de Deus. A recuperação é um processo de reabilitação pedagógica na qual o próprio Deus tomou a iniciativa de salvar o ser humano. Conheço a história da salvação? Estou disposto a cooperar com os planos salvíficos de Deus?

Por tudo isso, visitar os presos é uma das obras de misericórdia corporal exigidas por Jesus Cristo enquanto sinal de que Deus continua amando o ser humano apesar do erro cometido. Além desta finalidade principal, visitar os presos ajuda no processo de reabilitação por não se deixar de os considerar parte da família e da sociedade. Com lamento, porém, se percebe que a exclusão familiar e o descaso social, em grande parte, estão na base dos erros que levaram muitos para a prisão. Conheço as experiências prisionais que, de fato, ajudam no processo de reabilitação dos presos e das famílias? Conheço o testemunho de presos que superaram o erro e conseguiram a reintegração social pelo apoio das suas famílias e de pessoas que atuam na recuperação deles?

A estabilidade familiar e a educação aos valores (por exemplo: a vida, qual valor supremo, a honestidade, o bem, a justiça, a verdade, a solidariedade, etc.) deveriam ser os dois pilares da vida de cada ser humano. Contudo, não é o que se constata, pois existe um grande abismo social. Sem dúvida, não adianta que uma família ou sociedade tenham todos os recursos necessários e todo o aparato para educar se cada ser humano não quiser crescer com dignidade. No cotidiano da vida, cada pessoa é que, em última análise, se forma ou se deforma pelas opções que faz. As influências não deixam de existir, mas a decisão pelo mal ou pelo bem sempre cabe a cada pessoa. Por que parece mais fácil deixar-se levar pelos maus exemplos do que pelos bons exemplos? Por que muitos associam a felicidade ao sucesso, ao poder e à vida fácil?

"É verdade que se trabalha cada vez mais para melhorar o tratamento médico e a assistência psicológica dos detentos, a gestão de permissões e saídas terapêuticas ou a aplicação de medidas a que têm direito. Mas isso não basta. Este cárcere não promove a recuperação humana e social dos presos e presas. A sociedade deve conhecer melhor o sofrimento e a destruição que este grupo de pessoas padece. Os penalistas devem suscitar um amplo debate social. Os responsáveis públicos devem buscar alternativas eficazes. No entanto, deve ressoar atualizado, na consciência dos cristãos, o grito de Cristo: 'Estou no cárcere e não me visitastes'" (PAGOLA, 2013a, p. 325).

O texto bíblico desta Leitura Orante não colocou apenas Jesus Cristo diante de Judas e sua traição, colocou também os demais personagens diante de suas opções. Por um lado, o ato de Judas desencadeou outras violências e envolveu outros discípulos. Por outro lado, a misericórdia de Jesus Cristo combateu essas violências. São posturas antagônicas, mas nelas sobressai o interesse de Jesus Cristo por Judas, pelos discípulos, pelo servo do Sumo Sacerdote e pelos que vieram prendê-lo com espadas e bastões, porque neles estava a sua irrenunciável imagem e semelhança. É com essa misericórdia que vejo um preso ou quem erra? E Pedro, no texto, foi visitar Jesus Cristo em sua prisão? Quanto de Judas e de Pedro há em mim?

11. Mt 8,21-22; Lc 9,59-60: "... deixa aos mortos o sepultar os seus mortos?"

Breve introdução

A morte não é um poder sobre o ser humano, mas uma realidade que faz parte do cotidiano da sua vida e da sua existência. Para quem crê em Deus, a morte não é o fim, mas uma condição de passagem desta vida mortal para a vida imortal. Sepultar, nesse sentido, é remover o morto da comunidade dos vivos para colocá-lo, através de ações cultuais e rituais, numa sepultura de família ou num cemitério. Na cultura ocidental, os rituais fúnebres são executados mediante a inumação ou a cremação. Em ambas as formas, porém, permanece a expressão das relações, como uma forma de honrar e de mostrar a solidariedade humana tanto com o morto como com os seus familiares. Para os discípulos de Jesus Cristo, o ato de sepultar os mortos expressa, sobretudo, o sentido pascal da morte segundo o ritual cristão. Por essa razão, as orações fúnebres contêm súplicas em favor do morto, em particular as exéquias, pelas quais os vivos fazem a profissão de fé na ressurreição e na vida eterna. O juízo que se faz sobre quem morreu e como morreu deve ser sempre respeitoso. Por isso, na missa se recordam os fiéis defuntos, isto é, os que morreram com a fé em Jesus Cristo ressuscitado, certos de que a morte não tem a última palavra sobre quem deixou o mundo dos vivos. Assim, a morte comporta, pela fé, a esperança na ressurreição, que se traduz em certeza de vida.

1º Passo

Leitura do Evangelho segundo Mateus 8,21-22 e Lucas 9,59-60

[21]Outro, dentre os discípulos, disse-lhe: "Senhor, permite-me, antes, ir sepultar o meu pai". [22]Jesus, porém, respondeu-lhe: "Segue-me e deixa aos mortos o sepultar os seus mortos".

[59]E a outro disse: "Segue-me". Ele, porém, disse: "Senhor, permite-me, antes, ir sepultar o meu pai". [60]Mas, respondeu-lhe: "Deixa aos mortos o sepultar os seus mortos; tu, porém, indo, anuncia o Reino de Deus".

O que o texto diz?

O contexto desses dois versículos é o do seguimento radical de Jesus Cristo, ao qual nada nem ninguém se pode antepor. Em Mt 8,21 e em Lc 9,59 encontram-se três pessoas: um discípulo, Jesus Cristo, designado como Senhor, e um pai morto. O pedido do discípulo é legítimo, mas o centro da questão está no "antes", o que revela um seguimento que ainda não atingiu o nível de prioridade e abandono absoluto.

A resposta dada por Jesus Cristo ecoou desconcertante tanto para o discípulo como para quem ouviu. Contudo, tal resposta não implica, necessariamente, um "não" ao pedido do discípulo, mas comporta duas ações. A primeira diz respeito ao discípulo – "segue-me" – e tudo o que isso sugere na sua complexidade. A segunda diz respeito aos outros, isto é, aos que ainda não fizeram experiência de Jesus Cristo e, por isso, não possuem a certeza de que está sendo comunicada a exigência radical do seguimento.

Sepultar os mortos é uma ação misericordiosa de grande relevância não só social, mas também religiosa, pelo seu substrato e fundamento antropológico, pois não apenas entre os judeus, mas no mundo inteiro, sepultar os mortos, em particular os pais, era uma ação sagrada. Então, o interesse desse discípulo pelo sepultamento do pai o insere na tradição humana e bíblica de que os mortos merecem sepultura, quanto mais seu pai. A dificuldade de compreensão do pedido feito pode existir quando se esquece de que nem sempre é possível sepultar uma pessoa morta. A estrada a ser percorrida do Reino de Deus não coincide com os caminhos humanos habituais.

A história do antigo Israel está repleta de situações críticas que levam a crer na impossibilidade de dar sepulturas aos mortos. Basta pensar que os mortos nas guerras nem sempre podiam ser sepultados e seus corpos eram devorados por animais e aves de rapina. Nesse sentido, a impossibilidade de se colocar um morto em uma sepultura não advém somente de circunstâncias físicas, mas também da opção por Jesus Cristo, razão pela qual quem põe a mão no arado não pode olhar para trás. Poder-se-ia dizer: "que os que estão mortos na fé enterrem os seus mortos no corpo".

Jesus Cristo não somente observou o quarto mandamento (cf. Lc 2,51-52) como duramente criticou os que, usando a Lei de Deus, procuraram abster-se do dever para com os pais (cf. Mc 7,8-13). Como compreender, então, uma sentença tão dura? A resposta tem seu início em Lv 21,11, que proibia aos sacerdotes o contato com os mortos, inclusive pai e mãe; e continua com Nm 6,6-7, que igualmente proibia aos consagrados (nazireus) se contaminarem com os mortos, inclusive pai, mãe, irmão ou irmã.

Nesse sentido, a exigência de Jesus Cristo encontrou na Lei um apoio, e a sentença se tornou compreensível em função da consagração do discípulo. Assim, Jesus Cristo não proibiu o sepultar os mortos, mas ordenou segui-lo como meio eficaz de superar a morte. Por isso disse: "deixa aos mortos o sepultar os seus mortos". Quem não segue Jesus Cristo está morto, porque somente ele tem palavras de vida eterna (cf. Jo 6,68).

Jesus Cristo apoiou as exigências do seu ensinamento em ações concretas. A dura e firme resposta que dera ao discípulo já contava, na dinâmica do Evangelho segundo Lucas, com a misericórdia manifestada a uma viúva da cidade de Naim, quando levava o corpo do seu único filho para a sepultura (cf. Lc 7,11-17). Ao devolver vivo o filho dessa viúva, Jesus Cristo pregou uma palavra que libertou os que estavam sob o poder da morte. A consequência foi o reconhecimento de que Deus, através de Jesus Cristo, se aproximou novamente do ser humano necessitado de vida.

Não há dicotomia entre a compaixão que Jesus Cristo teve pela viúva de Naim e a resposta que deu ao discípulo que pediu para enterrar o corpo de seu pai. O que existe é o interesse de proclamar a Boa-Nova e de agir em função do Reino de Deus. Este é o elemento central na ordem que Jesus Cristo deu ao discípulo e que, segundo o relato de Lucas, foi chamado por ele, diferentemente do relato de Mateus. Ao dizer "tu, porém, indo, anuncia o Reino de Deus", permite admitir que o discípulo, além de poder sepultar o corpo de seu pai, cumprindo o quarto mandamento, colheu a ocasião para cumprir a ordem de anunciar o Reino de Deus.

Se a exigência feita por Jesus Cristo fosse interpretada e levada ao pé da letra, nem o próprio Jesus Cristo teria recebido uma sepultura, e os que o sepultaram deveriam ser considerados mortos, por não terem obedecido ao ensinamento do Mestre. A real compreensão da exigência colocada ao discípulo por Jesus Cristo adveio com a sua ressurreição dos mortos e a consequente saída do sepulcro.

Assim, a missão evangelizadora da comunidade dos seguidores de Jesus Cristo possui, no seu mistério pascal, sua fonte inspiradora e, na sua ressurreição, a força para deixar de temer a morte e até mesmo correr o risco de, ao morrer, não receber uma sepultura. Fica evidenciada uma forte oposição entre dois mundos: o mundo dos mortos que se preocupam, sem esperança, dos seus mortos e o mundo dos vivos, no qual Jesus Cristo quer fazer entrar os seus discípulos. Tal oposição aparece devidamente contemplada na mensagem que o anjo dirigiu às mulheres na manhã do domingo da Ressurreição: "Por que buscais, entre os mortos, o que está vivo" (Lc 24,5).

2º Passo

A meditação ajuda a perceber e aprofundar o que o texto diz

O primeiro relato de sepultura no Antigo Testamento está em Gn 23. Abraão chorou e lamentou a morte de Sara, sua esposa, segundo os usos e costumes de então. A morte de Sara deu a Abraão a ocasião de adquirir uma localidade sepulcral e, com esta, passou a ter o direito à terra. No mesmo local em que Sara foi sepultada, na gruta de Macpela, em Hebron, Abraão (cf. Gn 25,9), Isaac (cf. 35,27-29), Rebeca, Lia e Jacó (cf. Gn 49,29-33) foram sepultados. Isso evidencia a importância dada à sepultura de família, mas também, e principalmente, à fé bíblica de que a vida continua além da morte.

Jacó pedira a José que não fosse sepultado no Egito, mas junto de seus familiares (cf. Gn 47,29-30; 50,5-14). José, antes de morrer, também expressou o desejo de que seus ossos não ficassem no Egito (cf. Gn 50,25), mas que, no tempo da visitação de Deus, fossem levados para a terra prometida (cf. Ex 13,19; Js 24,32). Dessa forma, Abraão, Isaac, Jacó e José, isto é, os antepassados do antigo Israel, foram sepultados, segundo o relato bíblico, na terra prometida, garantindo o direito de posse da terra.

O deserto se tornou o local da sepultura de muitos dos que foram libertos do Egito porque se deixaram tomar pelo orgulho (cf. Nm 11,34). Também Maria (cf. Nm 20,1), Aarão (cf. Nm 20,28) e Moisés (cf. Dt 34,6) morreram e não foram sepultados na terra prometida. Em contrapartida, Josué, o sucessor de Moisés, e Eleazar, o sucessor de Aarão, morreram e foram sepultados na terra prometida (cf. Js 24,30.33). Desse ponto em diante, o relato bíblico faz referência à morte e ao sepultamento dos juízes e dos reis, evidenciando o local da sepultura (cf. Jz 16,31; 1Sm 25,1; 1Sm 31,13; 2Sm 2,5; 21,14; 1Rs 2,10; 11,43; 14,29-31; 2Rs 23,30).

Eclo 38,16-18 ensina que um morto é merecedor de funeral e de sepultura, mas que a dor excessiva não traz benefício nem para o morto nem para quem chora (cf. 2Sm 12,23). De modo particular, o sepultamento dos mortos aparece evidenciado no livro de Tobias como um direito inalienável do ser humano e uma obra de misericórdia corporal que precisa ser cumprida. Ao se sepultar o corpo de um morto, além de se confirmar a dignidade da pessoa humana, cumpre-se uma ação agradável a Deus, que ele mesmo sepultou Moisés (cf. Dt 34,6), lançando, assim, o fundamento para tal obra.

No livro do profeta Ezequiel narra-se a restauração do antigo Israel por meio de uma imagem forte e chocante (cf. Ez 37,1-14). Numa visão, Ezequiel se encontrou num vale de ossos e recebeu uma ordem de Deus: profetizar sobre os ossos secos e invocar sobre eles o espírito que é definido como espírito de Deus (v. 12). É o contraste entre a morte e a vida: "abrirei os vossos sepulcros e vos farei sair de vossos sepulcros" (v. 13).

Convicto de viver, morrer e ressuscitar em Jesus Cristo, o apóstolo Paulo, escrevendo aos cristãos de Roma, falou da novidade de vida que se estabelece no Batismo: sepultados com Jesus Cristo, unidos em sua morte, para com ele ressuscitar dos mortos para a glória de Deus Pai (cf. Rm 6,1-4). O sentido do sepultamento cristão brotou da fé na experiência da Paixão, morte e ressurreição de Jesus Cristo. Uma experiência não mais pautada no domínio da morte, mas na fé em Jesus Cristo, que é a ressurreição e a vida (cf. Jo 11,21-27).

3º Passo

O que o texto faz dizer a Deus em oração[1]

Ressurreição e vida nossa,
Cristo, esperança do perdão,
quando nos fere a dor da morte,
a vós se volta o coração.

---

[1] Hino das laudes do Ofício dos fiéis defuntos. In: *Liturgia das Horas*, 1990, v. IV: p. 1780.

Também na cruz a grande angústia
da morte humana vós provastes,
quando, inclinando a vossa fronte,
ao Pai o espírito entregastes.

Ó Bom Pastor, em vossos ombros,
vós carregastes nossa dor.
Destes a nós morrer convosco
do Pai no seio acolhedor.

Braços abertos, vós pendestes,
e vosso peito transpassado
atrai a si os que carregam
da morte o fardo tão pesado.

Quebrando as portas dos infernos,
do céu o Reino nos abris;
dai força agora aos sofredores,
dai-lhes enfim vida feliz.

Os nossos parentes, que nos seus corpos
dormem na paz do vosso amor,
por vós estejam vigilantes
para entoar vosso louvor.

4º Passo

Na contemplação-ação o texto faz formular um compromisso de vida

O tema da morte não é marginal em nenhuma cultura e muito menos a sua celebração. Se por um lado esse tema parece estar revestido de censura, por outro lado a reflexão sobre ele testemunha, pela abundância literária existente, que a morte possui um forte significado em qualquer nível da sociedade, dando a ela um caráter sociológico de indiscutível valor. Como, pessoalmente, tenho tomado consciência do tema da morte?

Os meios de comunicação social, diariamente, retratam inúmeras mortes. Quem assiste, mesmo que não tenha algum tipo de vínculo com a pessoa que morreu, tem a sua consciência despertada e voltada para o evento mais certo da vida. Ainda que a busca pelo prazer, nos últimos decênios, tenha adquirido grande força na diversidade das formas de interesse, o silêncio sobre a morte não se impõe sem que a vontade de ser feliz seja, por certo, ameaçada. Apesar de a morte ser considerada cada vez mais um evento natural, a sua dimensão sagrada continua exigindo ser reconhecida. Para mim, a morte é uma ameaça? Como penso na finitude da vida? Professo a fé na imortalidade?

O desejo de viver continua sendo um atestado de que a morte não é o fim de tudo. Pensar a respeito do que possa existir após a morte impõe, no âmbito da reflexão cristã, um conhecimento bíblico e teológico que consiga compreender o sentido da afirmação: "creio na ressurreição dos mortos e na vida eterna". Nesse sentido, o evento Jesus Cristo, morto e ressuscitado, é a referência central da fé que interpreta o sentido da morte e do morrer em abertura para um futuro de comunhão com Deus e com os semelhantes a partir do que, cotidianamente, se experimenta nas relações humanas. Acredito que esta vida é, como diz o apóstolo Paulo, "um já e ainda não" (cf. 1Cor 13,12) e que a morte de um fiel defunto, na dinâmica da ressurreição, é a passagem para a vida eterna e sem fim na presença de Deus?

Essa expressão de fé se torna clara e objetiva quando não há um ocultamento da certeza da morte e sobre esta se proclama a eficácia da Boa-Nova de Jesus Cristo, morto e ressuscitado. Com isso se resgata não apenas a dimensão inevitável da morte, mas se confere ao ser humano a via que conduz ao êxodo das categorias de angústia que ainda envolvem a realidade da morte que parece findar a experiência de comunhão humana. A minha presença cristã em um sepultamento tem sido sinal da fé e da esperança em Jesus Cristo ressuscitado? Colho a ocasião para realizar um serviço à fé diante da dor de quem sepulta um amigo, parente ou familiar falecido?

Morrer é uma ação pessoal e intransferível. Tal ato requer preparação devida e que, para um cristão, exige a fé na certeza da salvação querida pelo Pai e realizada por Jesus Cristo na força do Espírito Santo. Sepultar os mortos é uma praxe antropológica praticamente comum. A variação dos ritos fúnebres, como, por exemplo, a cremação, não invalida, no caso de um cristão, a esperança depositada na ressurreição da carne. Vivo essa certeza como expressão de fraternidade e esperança em Jesus Cristo? Diante da dor e do sofrimento causados pela morte, permito que a alegria, que vem da força pascal de Jesus Cristo, assuma o protagonismo das palavras e das ações?

Cada ser humano tem a sua origem e o seu fim em Deus. A imagem e a concepção que se tem de Deus é determinante não apenas no dia a dia da vida, mas, principalmente, na hora da morte. A certeza de que Deus é próximo, providente, santo, justo, paciente, bondoso e misericordioso não significa, necessariamente, para o ser humano que morre, uma expressão dessa certeza. Nesse sentido, quem sepulta um morto considerando a sua ação uma obra de misericórdia não a faz somente em função de si mesmo, mas, principalmente, em função da sua fé em Deus, que é capaz de salvar e conhece o íntimo de cada um. Acredito no valor propiciatório das orações e principalmente no valor da Eucaristia como ação eclesial em favor dos mortos?

A mensagem de fé e de esperança que se encontra na temática da páscoa tem a primazia na celebração de um funeral cristão, porque é anúncio da misericórdia de Deus. Nesse sentido, a morte não é lembrada apenas como punição do pecado, mas como sinal de redenção em Jesus Cristo. Assim, sepultar os mortos é um costume, para além da praxe antropológica, que possui um valor que não descarta o seu sentido sociocultural, mas concede ao morto e aos presentes no funeral o reconhecido direito de Jesus Cristo de ter voz e vez em cada palavra e gesto realizado. Faço a profissão de fé na páscoa de Jesus Cristo como auxílio aos defuntos e consolo aos que choram a sua morte?

Com isso, a morte é uma ação positiva no mistério salvífico que faz superar o seu evidente absurdo como experiência humana. Percebo que para alguns a morte continua sendo um momento de desespero, enquanto para outros ainda se impõe a ilusão de que um dia o ser humano será imune da morte por sua autossuficiência?

Enquanto muitos morrem na indigência, outros são rodeados de luxo na hora da morte. Esse escândalo se torna ainda maior entre cristãos. Pior ainda quando, em vida, pouco ou nada se fez a favor do ser humano, mas na hora da morte resolve-se anestesiar a consciência com um funeral luxuoso. O que não se investiu durante a vida do morto se gastou na hora da sua morte. Sepultar os mortos é uma obra de misericórdia que, se não estiver revestida de humildade e sobriedade, se torna uma "ostentação" que nada muda a condição do morto. Em muitos casos, o funeral dos menos favorecidos testemunha o sentido dessa obra de misericórdia que não requer ostentação, mas a devida reverência e respeito pelo corpo de um ser humano, imagem e semelhança de Deus, que, em Jesus Cristo, foi refeita pelo seu amor misericordioso. Defendo o direito de cada ser humano ser sepultado com dignidade de filho ou filha de Deus?

"É verdade que sempre existe, na morte, uma separação, mas os cristãos, membros como são de Cristo e uma só coisa com ele, não podem ser separados nem pela morte."[2] Essa certeza brota da essência do amor de Deus manifestado no mistério da Encar-

---

[2] *ORDO EXEQUIARUM*, 15 de agosto de 1969, n. 10.

nação, vida e mistério pascal de Jesus Cristo, que, assumindo a humanidade em sua totalidade, com exceção do pecado, fez da morte um sinal vivo do seu amor infinito e misericordioso por cada ser humano. Como traduzo em palavras e ações a compreensão dessa verdade que brota da Palavra de Deus? Como alimento a esperança na vida eterna e na certeza do reencontro com os que, pela morte, me precederam nesta vida?

Sepultar os mortos, para um cristão, é proclamar que Jesus Cristo é o Senhor em todas as circunstâncias da vida. Quando disse "Eu sou a ressurreição [e a vida]" (Jo 11,25), garantiu que a sua páscoa abriria as portas da vida para além da morte e sobre esta estaria o penhor da eternidade como superação de toda dor e sofrimento. Quem fica na fé, diante de quem morre na fé, tem a certeza de que o mistério da morte não é maior do que o mistério da vida. Como vivo a experiência diária do abandono filial a Deus?

O sepultar os mortos, na dinâmica da celebração cristã da morte, se reveste da fé integral da Igreja. Nesse sentido, o testemunho de comunhão eclesial diante da realidade da morte ganha destaque à medida que se reconhece e se afirma a misericórdia de Jesus Cristo, que "não veio para ser servido, mas para servir e dar a sua própria vida em resgate de muitos" (Mc 10,45). Com isso se promove a fé e se ajuda o ser humano a resistir diante da morte, que, em muitos casos, como na morte de criancinhas, sofre com a força da tentação que quer levar ao desespero. Que postura assumo para reavivar a fé dos que percebo abatidos diante da morte de seus entes queridos?

Jesus Cristo é, para os cristãos, o critério último e definitivo sobre a morte. Portanto, não se pode esquecer, ou perder de vista, a exigência do discipulado: "Segue-me e deixa aos mortos o sepultar os seus mortos". Diante da experiência da morte como ruptura, o cristão professa a morte como porta de ressurreição e sinal da misericórdia de Jesus Cristo. Com isso, a morte e o sepultar os mortos adquirem nova compreensão e dignidade. Compreendo que a exigência posta por Jesus Cristo é determinante para a fé?

No mundo hodierno, em particular nos grandes centros urbanos, as pessoas estão cada vez mais chocadas com a morte violenta e reclamam das autoridades providências para que a vida não continue sendo ceifada em proporções tão cruéis. O testemunho cristão, nesse contexto, se torna cada vez mais atual e necessário. É preciso ajudar o ser humano contemporâneo não só a rezar, mas a penetrar, pela oração, no âmago do mistério pascal de Jesus Cristo, sem o qual não se enfrenta a morte. Tenho dado um testemunho de fé condizente com a realidade, capaz de gerar vínculos de comunhão?

"Deus quer a vida do ser humano. Seu projeto vai além da morte biológica. A fé do cristão, iluminada pela ressurreição de Cristo, está bem expressa pelo salmista: 'Não me entregarás à morte nem deixarás teu amigo conhecer a corrupção' (Sl 16,10). A atuação de Jesus agarrando com sua mão a jovem morta para resgatá-la da morte é encarnação e sinal visível da ação de Deus, disposto a salvar da destruição o ser humano" (PAGOLA, 2013b, p. 120).

12. Jo 8,1-11: Celebrando a misericórdia de Deus manifestada em Jesus Cristo

Canto inicial

1º Leitor: Irmãos e irmãs, nós estamos vivenciando o Ano Santo da Misericórdia. Um Ano Jubilar que, sem medida, nos faz experimentar o amor infinito de Deus, que resgata, perdoa e, no mesmo amor, nos leva a perdoar, igualmente, a nós próprios e ao nosso próximo. É um ano favorável da parte de Deus e que se reparte em inúmeros favores e benefícios entre os seres humanos, porque é um ano feito de graça, bondade, benevolência e compaixão.

É um tempo particular da graça de Deus que nos ensina a olhar, ouvir, tocar, sentir, pensar e expressar a nossa realidade, vida e existência como testemunhas da essência da Boa-Nova de Jesus Cristo: olhar com o amor de Jesus Cristo, ouvir com o amor de Jesus Cristo, tocar com o amor de Jesus Cristo, sentir com o amor de Jesus Cristo, pensar com o amor de Jesus Cristo e expressar o seu amor pelo perdão como o próprio Jesus Cristo perdoa.

Neste Ano Santo somos particularmente impelidos a nos voltarmos para Deus de todo o coração, sem reservas e sem colocar condições, para que o encontro com Jesus Cristo propicie, verdadeiramente, a redescoberta do amor ao próximo e a si mesmo, caminho para se amar a Deus. É um ano que coloca o amor no centro e faz tudo gravitar em torno dele, a fim de que cada ser humano viva por ele, com ele e nele, na unção do Espírito Santo, para a honra e a glória de Deus Pai.

Aclamação ao Evangelho

1º Passo

Leitura do Evangelho segundo João 8,1-11

[1]Jesus, então, se dirigiu para o monte das Oliveiras. [2]Bem ao amanhecer, de novo, foi para o Templo e todo o povo veio até ele. Pondo-se sentado, ensinava-lhes. [3]Os escribas e os fariseus conduziram-lhe uma mulher que fora surpreendida em adultério, [4]e colocando-a no meio, disseram-lhe: "Mestre, esta mulher foi surpreendida adulterando. [5]Ora, na lei, Moisés ordenou apedrejar. Tu, pois, o que dizes?" [6]Tinham dito isso para prová-lo, a fim de poder acusá-lo. Jesus, porém, tendo-se inclinado, com o dedo escrevia na terra. [7]Visto que lhe inquiriam com insistência, pôs-se de pé e lhes disse: "Quem, dentre vós, estiver sem pecado, por primeiro lhe atire uma pedra." [8]E inclinando-se, de novo, escrevia na terra. [9]Esses, então, tendo ouvido, andaram-se um a um, começando pelos mais anciãos, e permaneceu só e a mulher no meio. [10]Jesus, erguendo-se, perguntou-lhe: "Mulher, onde estão? Ninguém te sentenciou?" [11]Ela disse: "Ninguém, Senhor". Disse-lhe então Jesus: "Nem eu te sentencio. Vai e daqui em diante não voltes a pecar."

Aclamação ao Evangelho

O que o texto diz?

2º Leitor: Segundo o contexto, Jesus Cristo teria mudado de decisão e foi para Jerusalém, por ocasião da festa judaica das Tendas (cf. Jo 7,1-53). É um contexto de revelação messiânica, no qual surgiram hostilidades, porque o testemunho de Jesus Cristo demonstrava que as obras praticadas pelos seus opositores eram más. Jesus Cristo, pela forma como falava, causava grande inquietação em quem o escutava. De fato, a dúvida dizia respeito à natureza e à origem do Messias esperado. Jesus Cristo, por isso, já havia percebido neles a intenção de matá-lo.

Todos: Enquanto nos relatos de Mateus, Marcos e Lucas a alusão ao monte das Oliveiras se faz no contexto da chegada de Jesus Cristo a Jerusalém e de ter sido o local de sua prisão (cf. Mt 21,1; 24,3; 26,30; Mc 11,1; 13,3; 14,26; Lc 19,29.37; 21,37; 22,39), em João a alusão a esse monte – em Jo 18,1 fala-se de horto – serve para contrapor atitudes: cada um dos envolvidos nas disputas sobre a origem do Messias foi para sua casa, ao passo que Jesus Cristo foi para o monte das Oliveiras. Sem dúvida, lá dormiu aquela noite. Um dado relevante: não há menção de que estivesse com os seus discípulos.

Breve pausa

2º Leitor: Do monte das Oliveiras Jesus Cristo tinha uma visão privilegiada do Templo de Jerusalém, para o qual se dirigiu, antes de o sol surgir, a fim de ensinar. É uma imagem que evoca a passagem da noite ao dia, das trevas à luz, da mentira à verdade, do mal ao bem. O versículo 2 afirma que todo o povo foi até ele, e que ele os ensinava. A ação de sentar-se, levando em conta o sentido subjacente do verbo em hebraico (*yāšab*), não indica apenas a posição do Jesus Cristo que ensina, mas que ele tomou posse do lugar do ensino: o Templo.

Todos: É nesse contexto que o ensinamento de Jesus Cristo, longe de ter sido interrompido, foi potenciado com a triste situação apresentada: uma mulher, trazida por escribas e fariseus, foi surpreendida em flagrante adultério. Escribas e fariseus não se apresentaram para pedir um parecer, mas para experimentar se o ensinamento de Jesus estava ou não de acordo com a Lei de Moisés. É preciso notar que não se está diante de um ensinamento em forma de parábola, mas diante de uma dramática situação real. Um exímio mestre não ensina somente a partir de coisas já sabidas, mas, principalmente, pela forma como se posiciona diante de casos controvertidos e difíceis.

Breve pausa

2º Leitor: A cena, por certo, é deprimente. É possível imaginar o modo hostil e desumano como essa mulher foi trazida à presença de Jesus Cristo, e com que tom de voz se declarou o seu pecado. Os olhos e os ouvidos de todos se repartiam entre os acusadores, a mulher e o alvo ao qual se destinou a questão: Jesus Cristo. À mulher não foi concedida identidade, mas foi identificada pelo seu flagrante delito: adúltera. Tal delito prontamente concedia ao marido o divórcio e imputava sobre a mulher a pena capital por apedrejamento.

Todos: O Mestre Jesus Cristo passou a ser confrontado com Moisés, o mestre por excelência da Lei de Deus, que ordenou apedrejar quem cometesse tal pecado, tanto o adúltero como a adúltera (cf. Lv 20,10; Dt 22,22-24). Nesse sentido, algo não estava correto perante a Lei, pois o adúltero não foi trazido junto com a mulher, fazendo de Jesus Cristo o juiz de um delito não prescrito dessa forma na Lei.

Breve pausa

2º Leitor: A intenção está clara: "Tinham dito isso, para prová-lo, a fim de poder acusá-lo". Se Jesus Cristo aprovasse a sentença de morte da adúltera, se colocaria acima do poder de Roma, detentor da pena capital, e seria desacreditado diante de todos, pois daria um testemunho contrário a seu ensinamento. Se Jesus Cristo não aprovasse a sentença de morte da adúltera, teria se tornado réu, pois, diante de todos, estaria negando a autoridade da Lei mosaica e a indissolubilidade do matrimônio. Revelou-se a astúcia dos escribas e fariseus, ou melhor, ratificou-se o que Jesus Cristo tinha dito precedentemente: "O mundo não pode vos odiar, mas odeia a mim, porque dele testemunho que as obras são más" (Jo 7,7).

Todos: Em toda a vida pública de Jesus Cristo, narra-se, pela primeira e última vez, que escreveu algo. É um particular do quarto Evangelho. Jesus Cristo não escreveu sobre pedra, papiro ou pergaminho, mas com seu dedo na terra. Dentre tantas opções ou possibilidades, Jesus Cristo poderia ter escrito o que a Lei dizia na íntegra, para que todos pudessem lembrá-la, em particular os escribas e fariseus, dando-se conta da injustiça cometida, bem como poderia ter escrito os pecados de todos os que ali se encontravam. Ninguém nunca o saberá! Basta o fato, escreveu com o dedo na terra! Com isso teria querido dizer que, como novo legislador, estava reescrevendo a Lei, para mostrar a justiça da sua misericórdia.

Breve pausa

2º Leitor: A ação de Jesus Cristo, como um escriba inclinado sobre a terra, não fez com que os escribas e fariseus desistissem da acusação, mas fez com que insistissem ainda mais nela. O gesto de Jesus Cristo não permitiu apenas que ganhasse tempo para formular a resposta, algo até bem sensato de se pensar, mas foi o tempo que deu à reflexão dos acusadores, que não se curvaram e não voltaram atrás no seu malvado interesse. A oportunidade dada por Jesus Cristo se virou contra eles. A resposta de Jesus Cristo, em forma de pergunta, foi dada estando ele de pé e não mais inclinado sobre a terra, posição de quem assume o protagonismo da questão. A inversão na posição de Jesus Cristo se adapta duplamente à sentença: contra os acusadores e a favor da mulher – "Aquele que, dentre vós, estiver sem pecado, por primeiro lhe atire uma pedra". Em outras palavras: o que se considera inocente comece a execução. A sentença de Jesus Cristo foi um autêntico contra-ataque.

Todos: Apenas Jesus Cristo, nesse contexto, poderia ter pegado uma pedra para executar a sentença. No seu lugar, porém, novamente escrevendo na terra, executou a sentença contra os acusadores, pois sobre todos eles pesava o pecado, visto que a redenção ainda não tinha acontecido por sua Paixão, morte e ressurreição, razão pela qual um a um foi se retirando, começando pelos anciãos. Esses não foram testemunhas da acusação e da condenação para, por primeiro, atirar as pedras, mas se tornaram testemunhas contra si mesmos. Para a mulher, porém, o mistério da redenção foi antecipado.

Breve pausa

2º Leitor: A cena, que começou deprimente e com muita gente ao redor, termina só com Jesus Cristo e a mulher: aconteceu a passagem da condenação à redenção, da sentença de morte à sentença de vida. Aqui parece que se pode contemplar o verdadeiro motivo para Jesus Cristo ter se inclinado: desceu ao nível da mulher, pois é admissível que ela não tenha sido deixada de pé, mas jogada com violência no chão. Jesus Cristo se ergue novamente para dialogar com a mulher, que, por sua vez, tem a coragem de responder à pergunta feita: "Mulher, onde estão? Ninguém te sentenciou?" Ela disse: "Ninguém, Senhor".

Todos: A última palavra pronunciada foi de Jesus Cristo e o seu ensinamento, diretamente dirigido à mulher: "Nem eu te sentencio. Vai e daqui em diante não voltes a pecar". De fato, Jesus Cristo não sentenciou essa mulher à morte, mas a sua palavra é uma sentença para a vida. Com isso não se colocou contra a Lei de Moisés, mas revelou o seu caráter provisório, pois não veio para abolir a Lei, mas dar-lhe pleno cumprimento (cf. Mt 5,17). A mulher, que chegou pecadora, saiu sem pecado e livre para não mais pecar. Não se sabe se ela obedeceu, mas, sem dúvida, não lhe faltou a graça de Jesus Cristo, que, como bom pastor, reconduziu uma ovelha perdida ao redil, pois veio salvar quem estava perdido (cf. Lc 19,10).

Breve pausa

2º Passo
A meditação ajuda a perceber e aprofundar o que o texto diz

3º Leitor: O primeiro ato de desobediência do ser humano a Deus não aconteceu, segundo o relato bíblico, em meio à fragilidade ou à falta de capacidade dos progenitores Adão e Eva para evitar o erro e praticar o certo, mas foi fruto do mau uso que fizeram da liberdade recebida como dom (cf. Gn 3,1-24). Desse ponto em diante, a revelação de Deus contida na Sagrada Escritura se desenvolve de forma histórica em função da redenção e reconciliação do gênero humano. É o projeto da recapitulação do gênero humano em Jesus Cristo (cf. Ef 1,10).

Todos: A atenção bondosa e misericordiosa de Deus para com o ser humano, ao longo da história da salvação, aparece de forma clara na vocação e missão de diversas pessoas que atuaram na formação do antigo Israel. Moisés, de modo particular, recebeu grande destaque, pois por ele Deus concedeu leis justas (cf. Dt 4,8) para o seu povo viver e ser capaz de discernir o certo do errado. Assim, a sentença contra o adultério não pesava somente pelo ato consumado, pois o Decálogo já tornava réu quem simplesmente desejasse a mulher do próximo (cf. Ex 20,17; Dt 5,21). Um princípio retomado por Jesus Cristo (cf. Mt 5,28).

> *Refrão: "Piedade de mim, ó Deus, misericórdia!*
> *Por tua grande compaixão, purificai-me!"*

3º Leitor: No ensinamento dos profetas, o adultério e a prostituição foram assumidos como ações que indicavam a infidelidade do povo à aliança com Deus, em particular a idolatria (cf. Os 2,7; Jr 2,20; 5,7; 13,27). A idolatria é a raiz de todas as injustiças, pois nega a Deus o culto e o devido reconhecimento do seu amor, divinizando o que não é Deus. A pior idolatria é a do dinheiro, praticada por quem pensa apenas a partir da cobiça dos bens e das pessoas.

Todos: Um caso particular de abuso do poder aconteceu na vida do rei Davi, pois cobiçou e se apropriou da mulher de Urias, a quem fez ser eliminado numa batalha. Tal pecado foi condenado veementemente pelo profeta Natã, que fez Davi reconhecer seu erro (cf. 2Sm 12,7-15; Sl 51). Assim como Betsabeia não foi apedrejada por estar sob a proteção do rei Davi, a adúltera não foi apedrejada por estar sob a proteção de Jesus Cristo, o Profeta por excelência e Senhor de Davi (cf. Mt 22,41-46).

Refrão: "Piedade de mim, ó Deus, misericórdia!
Por tua grande compaixão, purificai-me!"

3º Leitor: Jesus Cristo veio não para condenar o mundo, mas para salvá-lo (cf. Jo 3,17). Ele assumiu, plenamente, o desejo de Deus expresso pelo profeta Ezequiel: "Porque não tenho prazer na morte de quem morreu, diz o Senhor Adonay, mas convertei-vos e vivei" (Ez 18,32); "Dize-lhes: 'Eu vivo, diz o Senhor Adonay, não me comprazo na morte do ímpio, mas que se converta da maldade do seu caminho e viva; convertei-vos, convertei-vos dos vossos maus caminhos! Por que morrereis, casa de Israel?'" (Ez 33,11).

Todos: Ao assumir o projeto de Deus, Jesus Cristo iniciou o seu ministério público com o chamado à conversão: "Cumpriu-se o tempo, o Reino de Deus está próximo. Convertei-vos e crede no evangelho" (Mc 1,15). Jesus Cristo, por palavras e ações de justiça e misericórdia, se fez próximo do ser humano, em particular dos mais sofredores e necessitados. Não apenas falou de Deus, mas tornou Deus presente e visível em seus gestos de bondade, ternura, atenção e compaixão. Ressoa forte sua sentença dita aos fariseus, seguindo Os 6,6: "Ide e aprendei o que significa dizer: 'misericórdia quero e não sacrifício', porque não vim chamar os justos, mas os pecadores" (Mt 9,13); "Se soubesses o que significa: 'misericórdia quero e não sacrifício', não teríeis condenado inocentes" (Mt 12,7).

Refrão: "Piedade de mim, ó Deus, misericórdia!
Por tua grande compaixão, purificai-me!"

3º Leitor: Além do perdão dado à adúltera, outros exemplos do ministério da reconciliação realizado por Jesus Cristo, manifestando o seu amor misericordioso, ecoam fortes em nossa vida e nos impulsionam à conversão: o chamado do publicano Mateus (cf. Mt 9,9-13; Mc 2,13-17; Lc 5,27-32); a refeição na casa de Zaqueu, chefe dos publicanos (cf. Lc 19,1-10); as parábolas da misericórdia (cf. Lc 15,1-32); as palavras de Jesus Cristo a Judas Iscariotes no ato da traição (cf. Mt 26,49-50; Lc 22,47-48); o olhar de Jesus Cristo para Pedro após a traição (cf. Lc 22,54-62); o dom incondicional de Jesus Cristo, sua maior prova de amor (cf. Jo 15,13; 17,19).

Todos: Nesses exemplos transparece e brilha uma certeza: Jesus Cristo veio para resgatar e salvar quem estava perdido. Condenou o pecado, mas não o pecador, porque, em seu amor, é indulgente e paciente. Ele quer dos seus discípulos o exercício de seu amor e de seu perdão, que suaviza e cicatriza as feridas da violência, do egoísmo, do rancor, do ódio e do mal.

Refrão: "Piedade de mim, ó Deus, misericórdia!
Por tua grande compaixão, purificai-me!"

3º Leitor: A correção fraterna ocupa, ao lado do perdão, um lugar de grande destaque na vida do discípulo de Jesus Cristo (cf. Mt 18,15-22). Pela correção fraterna demonstra-se o real interesse por quem errou. Mais vale a correção fraterna do que o castigo. Ao lado da correção fraterna, o perdão dado ao ofensor e devedor não é um sinal de fraqueza, mas é o gesto de quem reconhece a sua força restauradora. O perdão é a força que vence a ofensa e o pecado porque não tem limites para ser praticado. Sem o perdão dado, um discípulo de Jesus Cristo não reza, devidamente, a oração do Pai-Nosso.

Todos: E sobre o perdão Jesus Cristo foi bem incisivo: "Se, de fato, perdoardes aos homens as suas transgressões, também o vosso Pai do Céu vos perdoará. Se, porém, não perdoardes aos homens as suas transgressões, também o vosso Pai do Céu não vos perdoará" (Mt 6,14-15); "Assim mesmo, o meu Pai do Céu vos tratará, se não perdoardes de coração, cada um a seu irmão" (Mt 18,35). Quem perdoa não apenas esquece a ofensa, mas a cancela da sua mente e do seu coração. A misericórdia revelada no perdão retorna em benefícios e graças que reforçam a capacidade de amar e de perdoar, aprendendo a fazer o bem como o próprio Deus faz.

Refrão: "Piedade de mim, ó Deus, misericórdia!
Por tua grande compaixão, purificai-me!"

3º Passo
O que o texto faz dizer a Deus em oração (Todos)

Pai de misericórdia, nós desejamos que os nossos louvores e preces vos bendigam pelo vosso amor infinito e vos pedimos, por Jesus Cristo, vosso Filho e Senhor nosso, que nos manifesteis a graça de experimentar o vosso perdão.

Os escribas e fariseus, independentemente de suas intenções, podiam ter sentenciado a adúltera, mas, para eles, foi, "felizmente", mais importante fazer recair a sentença de morte sobre o vosso amado Filho. Queriam a sentença da Lei e não a justiça da vossa misericórdia, que, de fato, aconteceu na crucificação do vosso amado Filho, revelando o seu infinito amor salvífico.

Ao lado disso, Pai misericordioso, nós reconhecemos que tampouco aos escribas, fariseus e aos que estavam em volta podemos recriminar e imputar alguma sentença de condenação. Todos, ao sair, um a um, da presença de Jesus Cristo, reconheceram que eram pecadores. E nós, também, reconhecemos que somos pecadores e incapazes de fazer justiça sem a misericórdia e o perdão irrestrito.

Ao dizer para a mulher "vai", Jesus Cristo lhe devolveu a confiança perdida como ação reparadora de seus pecados. Assim, por onde essa mulher andasse os olhares sobre ela não seriam mais de sentença de morte, mas de vida recuperada. Existe justiça, porque a misericórdia triunfou como vida sobre a morte.

Pai de amor, também nós estamos desejosos da vossa misericórdia, como a terra seca está desejosa da água restauradora. Queremos experimentar, no reconhecimento de nossos pecados, a eficácia redentora de Jesus Cristo e poder sair da vossa presença justificados e com uma nova oportunidade de vida, como a adúltera perdoada, dispostos a não mais vos ofender, não nos ofender e não ofender o nosso próximo.

Assim sendo, nós reconhecemos em Jesus Cristo o poder do vosso amor misericordioso, que não nos condena, mas nos perdoa e faz de nós os anunciadores da vossa graça, que restaura, na potência do vosso Espírito Santo, a vossa imagem e semelhança em cada um de nós. Amém.

4º Passo

Na contemplação-ação o texto faz formular um compromisso de vida

4º Leitor: Quis a Providência divina que a mulher surpreendida em flagrante adultério não tivesse sido levada para o tribunal judaico, chamado sinédrio, mas fosse colocada diante de Jesus Cristo. Ao manifestar o seu interesse por ela, ele sinalizou que em suas mãos estava a salvação dos pecadores, em particular dos mais indefesos. Não condenando a mulher, mas seu pecado, Jesus Cristo lhe doou confiança e demonstrou interesse pelo resgate da liberdade humana. Como tenho deixado Jesus Cristo manifestar a sua misericórdia na minha vida? Tenho agido como os escribas e fariseus diante de quem vejo em pecado? Sinto prazer ao condenar?

Todos: Dirigindo-se à consciência e ao coração de cada ser humano, Jesus Cristo, com sua sentença lapidar, revelou-se mais do que um justo juiz, mostrou que tinha o controle de toda a situação. Não pediu à mulher algum gesto de reparação ou expiação pelo seu pecado, apenas e simplesmente a libertou, dando a ela uma motivação para não mais pecar. Reconheço que sou pecador e necessitado de perdão? Confio plenamente na misericórdia de Deus?

Refrão: "A tua sentença é justa!
O teu julgamento é reto! Purifica o meu coração!"

4º Leitor: A experiência do pecado não é maior do que a força restauradora da misericórdia de Deus. No exemplo da adúltera, não se fez sequer menção a seu arrependimento e nem por isso ele deixa de ser suposto, visto que também não foram consideradas as causas que levaram essa mulher ao pecado. A ênfase recai muito mais sobre a ferocidade com que os escribas e fariseus quiseram um julgamento de Jesus Cristo. Contudo, o pecado dessa mulher deu a Jesus a ocasião para desmascarar as falsas justiças que subjazem no coração e na mente humana. Que é mais fácil para mim, condenar ou perdoar? Quero para mim o perdão de Deus da mesma forma que o dou para os outros?

Todos: A misericórdia de Deus, revelada em Jesus Cristo, é o núcleo de sua Boa-Nova. Por meio da Boa-Nova todo ser humano pode descobrir o quanto é precioso aos olhos de Deus. Uma pessoa, ao se saber amada por Deus, recupera a sua razão de viver com dignidade e não se deixa levar pelo desespero causado pelos pecados praticados. Também descobre que o amor misericordioso de Deus é incondicional e propício para resgatar sua imagem e semelhança em cada ser humano. Deus, na minha vida, representa a imagem do medo e da punição ou da confiança e do perdão?

Refrão: "A tua sentença é justa!
O teu julgamento é reto! Purifica o meu coração!"

4º Leitor: Reconhecer verdadeiramente o pecado e detestá--lo acarreta, por conseguinte, o firme desejo e a decisão de uma profunda transformação de vida, pela qual a conversão começa a acontecer com o abandono do pecado e do que leva a pecar. Por certo a misericórdia de Deus não pactua com o pecado, mas se destina ao pecador arrependido, e não é um atestado de que o pecador não tem responsabilidades pelo mal praticado. Pelo contrário, a misericórdia de Deus manifestada ao pecador arrependido exige dele uma justa reparação, começando pela última palavra dirigida à mulher perdoada: "Vai e daqui em diante não voltes a pecar". A graça de não pecar me faz mais misericordioso com quem peca ou me faz ansiar pelo seu castigo?

Todos: No mundo, o castigo, a vingança e a punição parecem ser a mentalidade comum. Reconhecer a misericórdia de Deus e assumi-la como prática cotidiana representa declarar, com firme convicção, que não se deve pagar o mal com o mal, mas com o bem. Se por um lado Jesus Cristo convida a acolher a misericórdia de Deus, por outro lado ele também apela para que quem a acolheu igualmente seja um transmissor e dispensador dessa misericórdia. Essa tem sido a medida das minhas atitudes diante do meu pecado e do meu próximo?

Refrão: "A tua sentença é justa!
O teu julgamento é reto! Purifica o meu coração!"

4º Leitor: O exame de consciência diário é uma forma eficaz de se configurar à vontade de Deus, expressa, por exemplo, nos Dez Mandamentos, os quais ensinam um modo concreto de amar a Deus sobre todas as coisas e ao próximo como a si mesmo. Nesse sentido, aprende-se a buscar o sacramento da Reconciliação e da Penitência com um autêntico desejo de também reparar, pela caridade, as ofensas e faltas cometidas. Cultivo a prática diária do exame de consciência? Busco o sacramento do perdão como encontro com Deus, que me ama?

Todos: Amar a Deus de todo o coração e com todas as forças é um empenho para a vida toda, pois é a ação que, dirigindo e governando todas as demais ações, expressa a pureza da fé e o vigor da esperança. Para se compreender devidamente o que significa amar a Deus, deve-se ouvir a doutrina e ver as ações de Jesus Cristo, que em tudo fez a vontade de Deus. Como tenho procurado assimilar e praticar a Boa-Nova de Jesus Cristo? Tenho regulado minhas palavras e ações pelos seus ensinamentos?

Refrão: "A tua sentença é justa!
O teu julgamento é reto! Purifica o meu coração!"

4º Leitor: A verdade sobre Deus é um apelo à consciência que resulta em benefício se não é refletida separadamente da verdade sobre o ser humano. Assim, não é possível acontecer o amor a Deus acima de tudo e de todos sem o amor a tudo e a todos por amor a Deus. Tal mudança de postura redimensiona as ações e canaliza o amor para tudo o que se sente, se pensa e se faz na vida em relação a Deus, ao próximo, à criação e a si mesmo. Admito que, quando o amor assume o protagonismo da existência humana, não há mais obstáculos intransponíveis, tampouco são colocadas condições para se fazer o bem a quem quer que seja, independentemente do mal que tenha feito? Como tenho me empenhado no amor ao próximo?

Todos: No amor a Deus as fragilidades humanas são revestidas de força, as feridas do corpo e da alma são tratadas com compaixão e as misérias começam a deixar de existir, pois a filiação divina se robustece à medida que a fraternidade universal assume o combate contra o egoísmo e todas as formas de intolerância. Com isso as obras de misericórdia corporal e espiritual se tornam o bálsamo de cura, porque, aflorando as sensibilidades pelos mais sofredores, se redescobre que existe maior alegria em dar do que em receber. Tenho amado o próximo como a mim mesmo, seguindo o exemplo de Jesus Cristo, que me amou e por mim se doou? Ofereço sem reservas o perdão a quem me ofende? Busco a reconciliação e a mediação dos conflitos como principais meios de promoção da justiça e da paz?

Refrão: "A tua sentença é justa!
O teu julgamento é reto! Purifica o meu coração!"

Todos: Ação de Graças (Sl 32)

[1]Feliz é aquele ao qual a transgressão foi perdoada e o pecado foi remido.

[2]Feliz é o homem ao qual o Senhor não imputa a falta e no espírito não há fraude.

[3]Enquanto me calei, os meus ossos definhavam e gemia todo o dia.

[4]Dia e noite, sobre mim pesava a tua mão e esvaecia o meu vigor como no ardor do verão.

[5]A ti confessei o meu pecado e a minha iniquidade não escondi. Disse: "Confessarei ao Senhor minhas transgressões, e tu perdoaste a culpa do meu pecado".

[6]Por isso, todo fiel suplica a ti no tempo da angústia. Quando sobejarem águas revoltas, não o alcançarão.

[7]Tu és meu abrigo, dos desgostos me preservas e com cânticos de salvação me envolves.

[8]"Te ensinarei e te guiarei no caminho a seguir; te orientarei com meus olhos sobre ti."

[9]Não sejas sem inteligência como o cavalo e a mula, apenas com cabresto e rédea são domados; de outro modo não se aproximam a ti.

[10]Muitos são os sofrimentos do ímpio, mas a misericórdia circunda quem confia no Senhor.

[11]Alegrai-vos, no Senhor, e regozijai ó justos. Exultai todos os retos de coração.

Considerações finais

Após esse percurso, é possível afirmar que a teologia da misericórdia é central na revelação, porque a misericórdia é o específico de Deus, que é justo, liberta, infunde esperança e assume o que é próprio do ser humano para transformá-lo em fonte de vida. Diante disso, a teologia e a pastoral da misericórdia têm seu fundamento no exemplo de Jesus Cristo Bom Pastor e rosto divino-humano da misericórdia de Deus. Essa percepção, porém, deflagra uma contradição no ser humano. Por um lado, ele precisa da misericórdia, mas, por outro lado, tem grande dificuldade de cultivar e de se exercitar na prática das obras de misericórdia. Uma lúcida explicação para isso pode ser encontrada na leitura que São João Paulo II fez da realidade em *Dives in Misericordia*, n. 2:

A mentalidade contemporânea, talvez mais do que a do homem do passado, parece opor-se ao Deus de misericórdia e, além disso, tende a separar da vida e a tirar do coração humano a própria ideia da misericórdia. A palavra e o conceito de misericórdia parecem causar mal-estar ao homem, o qual, graças ao enorme desenvolvimento da ciência e da técnica, nunca antes verificado na história, se tornou senhor da terra, a subjugou e a dominou. Tal domínio sobre a terra, entendido por vezes unilateral e superficialmente, parece não deixar espaço para a misericórdia.

Os exemplos bíblicos que foram objeto das reflexões e Leituras Orantes neste livro atestam que a misericórdia, concebida e apresentada na Bíblia, não parte de sentimentos meramente humanos, mas emerge da fidelidade de Deus na dinâmica da aliança. A escolha de um parceiro por Deus é, portanto, o ponto de partida das reflexões bíblicas sobre a misericórdia e a sua justiça. Tal escolha surge e se desenvolve no contexto da história da salvação, que sinaliza Deus solícito e solidário ao seu povo, isto é, de Deus movido pelo seu amor e pela sua fidelidade à aliança.

O que o antigo Israel viveu e experimentou como povo eleito e destinatário da misericórdia de Deus, em seus altos e baixos existenciais, o evento Jesus Cristo alargou e universalizou a sua prática para toda a humanidade. Em Jesus Cristo a aliança alcançou a sua plenitude, pois o humano e o divino estão eternamente unidos nele. A vida e a obra de Jesus Cristo foram, por assim dizer, "dominadas" e "determinadas" pela prática da misericórdia que conduziu à plena vitória sobre a maior miséria humana: a morte. Por isso já não há na história da humanidade algum tipo de miséria humana que não tenha sido por ele assumida e não possa ser tratada com misericórdia.

Essa vitória se tornou uma misericórdia universal a ser comunicada pelo anúncio da Boa-Nova da ressurreição. A vitória de Jesus Cristo sobre a morte abriu a porta da misericórdia divina para cada ser humano do passado, do presente e do futuro. Na adesão a Jesus Cristo está a verdadeira riqueza da humanidade, que passa a ter a possibilidade de se tornar altruísta e não mais determinada pelos instintos de autopreservação, mas pela operosidade da misericórdia. Ser misericordioso como o Pai é uma graça concedida ao ser humano em Jesus Cristo, que do ser humano espera como mentalidade e resposta a luta contra todas as formas de egoísmo, de falsa segurança e de indiferença diante de quem sofre e necessita ser tratado com misericórdia.

A Igreja, no quadro universal da história humana, recebeu essa missão e dela não pode se afastar sem sérios prejuízos. Por isso a proclamação do Ano Santo da Misericórdia é um chamado não apenas para falar da misericórdia, mas, acima de tudo, para torná-la visível e eloquente pela prática das obras de misericórdia.

Por meio delas cada cristão se esforça por seguir, verdadeiramente, Jesus Cristo como discípulo da misericórdia. Ao lado disso, a proclamação deste Ano Santo da Misericórdia faz parte das estratégias pontifícias do Papa Francisco para continuar o processo de renovação da Igreja e, por ela, continuar o processo de transformação do mundo em Jesus Cristo:

> A arquitrave que suporta a vida da Igreja é a misericórdia. [...] A credibilidade da Igreja passa pela estrada do amor misericordioso e compassivo. A Igreja "vive um desejo inexaurível de oferecer misericórdia". [...] Chegou de novo, para a Igreja, o tempo de assumir o anúncio jubiloso do perdão. É o tempo de regresso ao essencial, para cuidar das fraquezas e dificuldades dos nossos irmãos. O perdão é uma força que ressuscita para nova vida e infunde a coragem para olhar o futuro com esperança. (*Misericordiae Vultus*, n. 10)

O que o Papa Francisco espera após ter aberto o Ano Santo da Misericórdia na Solenidade da Imaculada Conceição (8 de dezembro de 2015), com a abertura da Porta Santa da Basílica de São Pedro?[1]

> Há momentos em que somos chamados, de maneira ainda mais intensa, a fixar o olhar na misericórdia, para nos tornarmos nós mesmos sinal eficaz do agir do Pai. Foi por isso que proclamei um *Jubileu Extraordinário da Misericórdia* como tempo favorável para a Igreja, a fim de se tornar mais forte e eficaz o testemunho dos crentes. (*Misericordiae Vultus*, n. 3-4)

Tal iniciativa comemora, igualmente, os cinquenta anos da conclusão do Concílio Ecumênico Vaticano II, pelo qual "a Igreja sentia a responsabilidade de ser, no mundo, o sinal vivo do amor

---

[1] No Terceiro Domingo do Advento foi aberta a Porta Santa da Catedral de Roma, a Basílica de São João de Latrão, e, em seguida, aconteceu a abertura da Porta Santa nas outras basílicas papais e em cada Igreja particular, isto é, na Catedral, que é a Igreja-Mãe para todos os fiéis.

do Pai". E prossegue o pontífice: "Com estes sentimentos de gratidão pelo que a Igreja recebeu e de responsabilidade quanto à tarefa que nos espera, atravessaremos a Porta Santa com plena confiança de ser acompanhados pela força do Senhor Ressuscitado, que continua a sustentar a nossa peregrinação. O Espírito Santo, que conduz os passos dos crentes de forma a cooperarem para a obra de salvação realizada por Cristo, seja guia e apoio do Povo de Deus a fim de o ajudar a contemplar o rosto da misericórdia" (LG, n. 16; GS, n. 15).

O que o Papa Francisco espera após fechar o Ano da Misericórdia?

O Ano Jubilar terminará na solenidade litúrgica de Jesus Cristo, Rei do Universo, em 20 de novembro de 2016. Naquele dia, ao fechar a Porta Santa, animar-nos-ão, antes de tudo, sentimentos de gratidão e agradecimento à Santíssima Trindade por nos ter concedido este tempo extraordinário de graça. Confiaremos a vida da Igreja, a humanidade inteira e o universo imenso à Realeza de Cristo, para que derrame a sua misericórdia, como o orvalho da manhã, para a construção de uma história fecunda com o compromisso de todos no futuro próximo. Quanto desejo que os anos futuros sejam permeados de misericórdia para ir ao encontro de todas as pessoas, levando-lhes a bondade e a ternura de Deus! A todos, crentes e afastados, possa chegar o bálsamo da misericórdia como sinal do Reino de Deus já presente no meio de nós. (*Misericordiae Vultus*, n. 5)

É impossível que, de tudo isso, não surjam questionamentos: Por onde anda a misericórdia de Deus na vida do ser humano? Cada um tem experimentado Deus, no cotidiano da sua existência, como próximo, providente, santo, justo, paciente e misericordioso? Como se tem ajudado as demais pessoas a experimentar Deus, no cotidiano da sua existência, como próximo, providente, santo, justo, paciente e misericordioso? Que pode ser feito de forma pessoal e comunitária para que a graça deste Ano Santo revigore a nossa vida batismal e revitalize nossa sociedade?

Mais uma vez, as indicações de respostas são apontadas pelo Papa Francisco:

Portanto, para ser capazes de misericórdia, devemos primeiro pôr-nos à escuta da Palavra de Deus. (*Misericordiae Vultus*, n. 13)

É preciso lembrar sempre: "'Felizes os misericordiosos, porque alcançarão misericórdia' (Mt 5,7) é a bem-aventurança em que devemos inspirar-nos, com particular empenho, neste Ano Santo" (*Misericordiae Vultus*, n. 9). Bem como praticar sempre o mandamento do Senhor: "Sede misericordiosos como vosso Pai celeste é misericordioso" (Lc 6,36).

Enquanto sacerdotes, nós somos fruto indiscutível da misericórdia de Deus, pois "somos chamados a viver de misericórdia, porque, primeiro, foi usada misericórdia para conosco" (*Misericordiae Vultus*, n. 9).

Sem dúvida, é fundamental não esquecer que:

"A credibilidade da Igreja passa pela estrada do amor misericordioso e compassivo" de Deus (*Misericordiae Vultus*, n. 10).

A primeira verdade da Igreja é o amor de Cristo. E deste amor que vai até o perdão e o dom de si mesmo a Igreja faz-se serva e mediadora junto dos homens. Por isso, onde a Igreja estiver presente, aí deve ser evidente a misericórdia do Pai. Nas nossas paróquias, nas comunidades, nas associações e nos movimentos – em suma, onde houver cristãos –, qualquer pessoa deve poder encontrar um oásis de misericórdia. (*Misericordiae Vultus*, n. 12)

O cristão que se empenha em percorrer o caminho da perfeição busca assemelhar-se ao seu Senhor Jesus Cristo e segue o seu exemplo pela prática das boas obras corporais e espirituais, as quais são conhecidas como "obras de misericórdia" (CatIC 2447). Por meio delas cada cristão se conforma cada vez mais a Jesus Cristo de modo a poder perceber e, segundo suas possibilidades, socorrer o próximo em suas necessidades, sejam elas corporais, sejam espirituais.

Apesar dos grandes avanços científicos e tecnológicos que muito contribuíram para melhorar a qualidade de vida das pessoas, os dias atuais urgem pelo conhecimento e pela prática das obras de misericórdia corporal e espiritual, pelas quais o amor a Deus e o amor ao próximo tornam-se expressão do amor do próprio Deus por toda a criação: um amor que é ecológico.

Ocasiões para praticar essas obras não faltam. O que falta, às vezes, é o firme propósito de não perder essas ocasiões para: dar de comer a quem tem fome; dar de beber a quem tem sede; vestir os nus; acolher os peregrinos e desabrigados; visitar os doentes; visitar os prisioneiros; sepultar os mortos; instruir os ignorantes; aconselhar os duvidosos; exortar os pecadores; consolar os aflitos; perdoar as ofensas recebidas; suportar as pessoas molestas; e rogar a Deus pelos vivos e pelos mortos (cf. Is 58,6-7; Tb 4,5-11; Eclo 17,18; Mt 6,2-4; Hb 13,3).

Que neste Ano Santo da Misericórdia cada um esteja atento ao que o Senhor Jesus Cristo diz em sua Palavra e realiza em seus gestos, experimentando a força vivificadora da sua misericórdia divina, fonte de graças e de bênçãos para toda a família humana, porque: **Eterna é a sua misericórdia**.

Referências bibliográficas

ALONSO SCHÖKEL, L.; CARNINI, C. *Salmos II (Salmos 73-150)*. São Paulo: Paulus, 1998.

_____; SICRE DIAZ, J. L. *Profetas I – Isaías e Jeremias*. São Paulo: Paulus, 1988.

BENTO XVI. Carta encíclica *Deus Caritas Est* (25 de dezembro de 2005). Disponível em: < http://w2.vatican.va/content/benedict-xvi/pt/encyclicals/documents/hf_ben-xvi_enc_20051225_deus-caritas-est.html > .

BORTOLINI, J. *Conhecer e rezar os salmos;* comentário popular para nossos dias. São Paulo: Paulus, 2000.

COENEN, L.; BEYREUTHER, E.; BIETENHARD, H (orgs.). *Dizionario dei concetti biblici del Nuovo Testamento*. Bologna: EDB, 1986.

CONFERÊNCIA EPISCOPAL LATINO-AMERICANA (CELAM). *Documento de Aparecida*. Texto conclusivo da V Conferência Geral do Episcopado Latino-Americano e do Caribe. Brasília/São Paulo: CNBB/Paulus/Paulinas, 2008.

_____. *Guia para a Pastoral da Saúde na América Latina e no Caribe*. São Paulo: Centro Universitário São Camilo, 2010.

CONFERÊNCIA NACIONAL DOS BISPOS DO BRASIL (CNBB). *Leitura Orante;* "Fala Senhor, que teu servo escuta" (1Sm 3,10). Brasília: Edições CNBB, 2014.

FERNANDES, L. A. 2Sm 7,1-17: O projeto de Davi confronta-se com o projeto de Deus. In: DA SILVA, V.; DE MORI, G. L. (org.). *Anais do 25º Congresso Internacional da SOTER*. Belo Horizonte: SOTER, 2012a. p. 1438-1464.

_____. A dinâmica do discipulado (Mc 3,13-19). In: FERNANDES, L. A.; GRENZER, M. *Evangelho segundo Marcos. Eleição, partilha e amor*. São Paulo: Paulinas, 2012b. p. 43-105.

_____. Análise do Salmo 110 e releituras no Novo Testamento. *Caminhos* 13/2 (2015) 270-288.

_____. *Evangelização e família;* subsídio bíblico, teológico e pastoral. São Paulo: Paulinas, 2015.

_____. *Jonas.* São Paulo: Paulinas, 2010.

_____. O fiel diante das crises (Sl 42,1-12). In: FERNANDES, L. A.; GRENZER, M. *Dança, ó Terra! Interpretando salmos.* São Paulo: Paulinas, 2013. p. 91-121.

_____. O Segundo Canto do Servo de YHWH: Análise exegética de Is 49,1-13. *Coletânea* 5 (2004) 23-55.

_____. "Por que morreremos na tua presença?": uma análise de Gn 47,13-26. *Perspectiva Teológica* 46 (2014) 113-133.

FRANCISCO, PP. Carta encíclica *Laudato Si'* (24 de maio de 2015). Disponível em: < http://w2.vatican.va/content/francesco/pt/encyclicals/documents/papa-francesco_20150524_enciclica-laudato-si.html >.

_____. *Misericordiae Vultus. O rosto da misericórdia.* Bula de proclamação do Jubileu Extraordinário da Misericórdia. São Paulo: Paulinas, 2015.

GNILKA, J. *Il vangelo di Matteo* [parte prima]. Brescia: Queriniana, 1990.

GRENZER, M. Água em Mara e Elim (Ex 15,22-27). In: FERNANDES, L. A.; GRENZER, M. *Êxodo 15,22–18,27.* São Paulo: Paulinas, 2011a. p. 9-25.

_____. Maná e codornizes no deserto de Sin (Ex 16,1-36). In: FERNANDES, L. A.; GRENZER, M. *Êxodo 15,22–18,27.* São Paulo: Paulinas, 2011b. p. 27-60.

_____. Multiplicação dos pães (Mc 6,30-44). In: FERNANDES, L. A.; GRENZER, M. *Evangelho segundo Marcos. Eleição, partilha e amor.* São Paulo: Paulinas, 2012. p. 107-127.

JENNI, E.; WESTERMANN, C. *Diccionario teológico manual del Antiguo Testamento.* Madrid: Cristiandad, 1978 (vol. 1) / 1985 (vol. 2).

JOÃO PAULO II, PP. Carta encíclica *Dives in Misericordia* (30 de novembro de 1980). Disponível em: < http://w2.vatican. va/content/john-paul-ii/pt/encyclicals/documents/hf_jp--ii_enc_30111980_dives-in-misericordia.html >.

_____. Carta encíclica *Veritatis Splendor* (6 de agosto de 1993). Disponível em: < http://w2.vatican.va/content/john-paul--ii/pt/encyclicals/documents/hf_jp-ii_enc_06081993_veritatis-splendor.html >.

_____. Exortação apostólica *Familiaris Consortio* (22 de novembro de 1981). Disponível em: < http://w2.vatican.va/content/john-paul-ii/pt/apost_exhortations/documents/hf_jp--ii_exh_19811122_familiaris-consortio.html >.

KAISER, O. *Isaia – Capitoli 1-12*. Brescia: Paideia, 1988.

KASPER, W. *A misericórdia. Condição fundamental do evangelho e chave da vida cristã*. São Paulo: Loyola, 2015.

LITURGIA DAS HORAS segundo o Rito Romano. Petrópolis/São Paulo: Vozes/Paulinas/Paulus/Ave-Maria, 1999. Vol. IV: Tempo Comum, 18ª – 34ª Semana: p. 1780.

LORENZIN, T. *I Salmi*. Nuova versioni, introduzione e commento. Milano: Paoline, 2008.

ORDO EXEQUIARUM. Ed. *typica, Romae*, 15 de agosto de 1969.

PAGOLA, J. A. *O caminho aberto por Jesus;* Mateus. Petrópolis: Vozes, 2013a.

_____. *O caminho aberto por Jesus;* Lucas. Petrópolis: Vozes, 2012.

_____. *O caminho aberto por Jesus;* Marcos. Petrópolis: Vozes, 2013b.

_____. *O caminho aberto por Jesus;* João. Petrópolis: Vozes, 2013c.

PIACENTINI, B. *I Salmi*. Preghiera e poesia. Milano: Paoline, 2012.

RATZINGER, J. (BENTO XVI). *A infância de Jesus*. São Paulo: Planeta, 2012. p. 60-62.

SCIPPA, V. *Salmi*. Padova: Edizioni Messaggero Padova, 2002. Vol. 1.

SEVERINO CROATTO, J. *Isaías. O profeta da justiça e da fidelidade*. Petrópolis/São Paulo/São Leopoldo: Vozes/Imprensa Metodista/Sinodal, 1988. Vol. I: 1–39.

SKA, J.-L. *O Antigo Testamento. Explicado aos que conhecem pouco ou nada a respeito dele.* São Paulo: Paulus, 2015.

STADELMANN, L. I. J. *Os salmos da Bíblia.* São Paulo: Paulinas/ Loyola, 2015.

SWETNAM, J. *"LECTIO DIVINA".* Disponível em: < http://www.biblico.it/doc-vari/swetnam_lec_div_ing.html >.

VAN GEMEREN, W. A. (org.). *Novo dicionário internacional de teologia e exegese do Antigo Testamento.* São Paulo: Cultura Cristã, 2011. Vols. 1-4.

VÍLCHEZ LÍNDEZ, J. *Tobias e Judite.* São Paulo: Paulinas, 2006. p. 37-38.

Todos os documentos do CONCÍLIO VATICANO II estão disponíveis em: < http://www.vatican.va/archive/hist_councils/ii_vatican_council/index_po.htm >.

Impresso na gráfica da
Pia Sociedade Filhas de São Paulo
Via Raposo Tavares, km 19,145
05577-300 - São Paulo, SP - Brasil - 2016